ᵗʰᵉ TIM🌐THY INITIATIVE

Discípulos Haciendo Discípulos

"Lo que oíste de parte mía mediante muchos testigos, esto encarga a hombres fieles que sean idóneos para enseñar también a otros."

- 2 Timoteo 2:2

Este libro pertenece a: _____

Dirección:_____

_____

_____

Número de teléfono: _____

Email ID: _____

Información de Contacto de LIT:

info@ttionline.org

Sitio de Internet de LIT:

www.ttionline.org

Tabla de Contenidos

Bienvenida al Curso Introductorio de LIT: Discípulos Haciendo Discípulos

El propósito de este curso de entrenamiento es equipar a los Discípulos quienes harán Discípulos. Al pasar por este curso introductorio, tenemos la expectativa que ocurrirá lo siguiente:

- Los participantes serán equipados para compartir su fe con otros.
- El Evangelio será difundido en forma acelerada.
- Se plantarán iglesias.
- Los plantadores de iglesia interesados se identificarán y entrenarán mediante el currículo de 10 libros de LIT.

Introducción: ¿Qué es la Iniciativa Timoteo?

La Iniciativa Timoteo es una organización internacional de plantación de iglesia. LIT fue establecida con el propósito de entrenar y equipar a los "Timoteos" (Plantadores de Iglesia). Específicamente apuntamos a plantadores de iglesia en todo el mundo, que carecen de los medios y/o accesibilidad para recibir un entrenamiento de plantación de iglesias equilibrado, bíblico, teológico, y práctico. Se espera que cada plantador de iglesia entrenado plante al menos una iglesia reproductiva y multiplicadora, así como también reclute y entrene a otros a hacer lo mismo. La meta es iniciar una iglesia que será un centro de plantación de iglesias.

¿Cuál es la Misión de LIT?

La misión de LIT es el avance del Reino de Cristo mediante la plantación de iglesias que se multipliquen en América y el resto del mundo. En cooperación con otros líderes nacionales de movimiento, LIT desea penetrar en las naciones y culturas con el Evangelio de Jesucristo.

Características de los Movimientos de Plantación de Iglesia
(Basado en nuestras observaciones de MPI a través del mundo y dentro del mismo LIT).

1. Reproducción y multiplicación acelerada.
2. Plantación de iglesias de manera intencional
3. Cada aspecto es saturado por la oración
4. El evangelismo es esencial.
5. El uso de casas.
6. Discipulado basado en la obediencia
7. Liderazgo local.
8. Entrenamiento de líderes laicos para plantar iglesias.
9. Fuerte énfasis en la Palabra de Dios.
10. La norma fundamental para medir la vitalidad de las iglesias es la presencia o ausencia de reproducción y multiplicación.
11. Sistemas fácilmente reproducibles y sostenibles.
12. Responsabilidad mutua & Mentoreo continuo.

¿Cuáles son los Valores Esenciales de LIT?

1. **Se trata del Reino...** por tanto, no nos preocupa quién recibe el crédito.
2. **El Espíritu Santo y las Sagradas Escrituras son necesarios y esenciales para plantar iglesias multiplicadoras.**
3. **Dios valora la integridad...** Nosotros igualmente.
4. **La mejor forma de hacer discípulos es plantando iglesias... y la mejor forma de plantar iglesias es haciendo discípulos.**
5. **La oración es prioridad...** Primero oramos, luego planificamos y entonces plantamos nuestras iglesias.
6. **Todas las personas son importantes para Dios...** Por lo tanto establecemos contacto con todo el mundo: ¡Grupos humanos de cualquier tamaño, tribus insignificantes, ciudades urbanas y pueblos remotos, ricos, pobres, todo el mundo!

7. **Dios es glorificado grandemente cuando confiamos en Él...** Si no hay fe involucrada, no hay gloria para Dios.

Filosofía de Entrenamiento de LIT

Es importante notar que LIT cree que el aprendizaje y las acciones van juntos. La obediencia es una parte crítica del Discipulado... ellos van unidos y no deberían separarse. Por lo tanto, todo el contenido de este texto no es simplemente para propósitos educativos o teóricos; sino que esperamos que cada estudiante y plantador de iglesia en potencia aplique de manera inmediata y obediente lo que aprende a su vida personal y ministerio. Entendemos que usted no conocerá todas las respuestas a las preguntas que se puedan formular. Entendemos que puede cometer errores. Entendemos que esté nervioso e inquieto. Creemos cuando peregrinamos juntos, bajo la guía y la dirección del Espíritu Santo; ¡Él proveerá a cada uno de nosotros todo lo que necesitamos para darle Gloria a él, y llevar al perdido a Su Hijo Jesús!

Es también necesario entender que LIT cree que es importante que Ud. sea responsable de lo que se compromete hacer. Por esa razón, nos esforzamos por ser diligentes en dar seguimiento a los participantes para asegurarnos que toda persona esté aprendiendo y actuando de manera activa y práctica (Santiago 1:22). ¡La meta es Discípulos Haciendo Discípulos!

Comenzando con este Curso:

Instrucciones Básicas:
1. Requiera de un compromiso de 15 semanas.
2. Explique a los miembros potenciales del grupo que deben hacer lo que se les enseña cada semana. (es mejor si cada miembro inicia su propio grupo inmediatamente aunque esté sólo con 2-3 personas).
3. Sólo las personas que HACEN lo que se les enseña y asigna en cada lección pueden continuar la siguiente semana en la siguiente lección.
4. Si usted no HACE lo que se le enseña y asigna, puede venir a otro grupo otro día después de que haya hecho la tarea requerida.
5. El propósito de este entrenamiento es equiparle para compartir el Evangelio, plantar iglesias, y discipular a otros. Se requiere que enseñe lo que aprende y sabe.

Hay 2 partes para cada sesión de entrenamiento:
Parte 1 Culto: (Durante 15 minutos o menos. Recuerde que la razón al reunirse es para equipar a las personas).
- Para las primeras 3 lecciones el Entrenador debería guiar y MODELAR el culto inicial. A partir de la lección 4 pida a un Timoteo/estudiante guiar el culto.
- Comience con una oración inicial, una canción de alabanza, y un pensamiento devocional (el pensamiento devocional significa máximo 5 minutos. Éste no es un sermón).

Parte 2 Enseñanza:
1. Repase las enseñanzas de las últimas semanas.
2. Los participantes **deben informar** lo que hicieron la semana pasada (sea una persona motivadora pero haga cumplir el principio de que sólo las personas que hayan hecho lo que se les enseñó seguirán adelante en la siguiente enseñanza). NO NEGOCIE ESTO.
3. Inicie las nuevas lecciones explicando el propósito y el resultado esperado.

4. Enseñe, practique, y construya confianza.
5. Póngase de acuerdo con cada participante en cuanto a lo que hará en la semana entrante.
6. Termine en oración.

Semana 1
Plan de Lección del Maestro y Guía #1

Acción	Contenido	Método
Introducción	Usted es parte de la familia de Dios.	Maestro
Diálogo: 4 Tipos de llamados para compartir el Evangelio	Los grupos pequeños reciben un versículo para debatir: Marcos 16:15; Lucas 16:27-28; 1 Corintios 9:16-17; Hechos 16:9	Grupo pequeño
Retroalimentación	Los grupos dan un informe sobre sus conclusiones.	Informe del grupo pequeño
Preguntas y Respuestas	¿Qué tienen los versículos en común? ¿Hay algún mandato?	Grupo Grande
Preguntas y Respuestas	¿Por qué las personas no comparten su testimonio?	Grupo Grande
Demostración	El facilitador cuenta su testimonio en 2 minutos	Maestro
Introducción	El facilitador explica las tres partes de un testimonio	Maestro
Reflexión	Cada persona escribe su testimonio	Reflexión Individual
Actividad	Se dividen en parejas para leer los testimonios el uno al otro	En pareja o grupo pequeño
Actividad	Cada persona cuenta su testimonio a todo el grupo	De manera individual
Aplicación	Cada persona cuenta su testimonio a 5 personas esta semana	Maestro

Lección 1 – Mi Historia

Cada aprendiz será capaz de:
- Explicar los cuatro llamados de un cristiano para compartir el evangelio.
- Compartir el evangelio con otros.
- Escribir y compartir su historia con otros.
- Identificar a los amigos, miembros de la familia con quienes compartirán su historia.

Como cristiano, usted es un hijo de Dios y miembro de la familia de Dios. Tiene la seguridad de la salvación. Puede orar directamente a Dios, tener comunión con Él, y pasar un tiempo devocional con Él en cualquier momento. Usted es un miembro de Su iglesia, una persona bendecida. La Gran Comisión (Mateo 28:19-20) le llama a difundir el evangelio y a enseñarle a otros a obedecer a Dios en cada aspecto. Cada creyente, cada miembro del cuerpo de Cristo, debe ayudar a motivar el crecimiento y la edificación de la iglesia, el cuerpo de Cristo. Todos nosotros somos llamados a compartir las buenas noticias de salvación: ¡El Evangelio!

Hay cuatro tipos de llamados para compartir el Evangelio:
1. Llamado desde **arriba**, el mandato del Señor Jesús. Marcos 16:15 "Id por todo el mundo y predicad el evangelio a toda criatura."
2. Llamado desde el **infierno;** la petición del hombre rico para compartir el Evangelio con su familia: Lucas 16:27-28.
3. Llamado desde **adentro;** Pablo sentía la obligación de propagar el Evangelio. 1 Corintios 9:16-17 "porque me es impuesta necesidad."
4. Llamado desde **afuera**; Pablo oyó el llamado de Macedonia para venir. Hechos 16:9 "pasa a Macedonia y ayúdanos."

Hoy en día cada cristiano debería escuchar los llamados en su vida y responder inmediatamente a la guía y convicción de Dios.

Imagine que hay una enfermedad que es incurable. Cada día en las vallas publicitarias usted ve propagandas sobre la desesperación de esta enfermedad. Las estadísticas sobre los huérfanos y las viudas son alarmantes. Ahora imagínese que alguien desarrolló una cura para esta enfermedad y optó por no compartirla con todas las personas. ¿Qué pensarán las personas afectadas e infectadas de esta persona? ¡Gracias a Dios que tenemos la Cura! ¡Es Jesús!

No sólo deberíamos guiar a las personas a convertirse en seguidores de Cristo, sino también que lleguen a ser discípulos que discipulan a otros. De esta manera usted puede esparcir rápidamente el mensaje del Evangelio. Sin embargo, la mayoría de los cristianos piensan que el trabajo de proclamar el Evangelio es solo para ministros profesionales. La mayoría de los cristianos consideran que "evangelizar" es invitar a otras personas a la iglesia, esperando que el pastor los convenza para dar sus vidas a Cristo. ¡Este no es el caso! Cada creyente debería experimentar regularmente el gozo inmenso de compartir el amor de Dios con otros. ¡El llamado de cada discípulo es ayudar a traer a otros a una vida de relación con Jesús!

2 Timoteo 2:2 "Lo que has oído de mí en presencia de muchos testigos, esto encarga a hombres fieles que sean idóneos para enseñar también a otros."

Cada seguidor de Cristo debería iniciar un nuevo grupo, compartiendo el evangelio con sus vecinos, amigos, y familia. Dios bendecirá y usará tal vida grandemente. Usted debería responder inmediatamente a Dios y su vida será una bendición por: guiar a las personas a creer en El Señor, y permitiéndoles guiar a otros a Cristo (Ef. 1:5-6; 4).

Muchos cristianos no comparten el Evangelio por **TRES RAZONES PRINCIPALES.**

1. **¡Están asustados!** Lea Mt. 28:19-20. El que tiene toda autoridad en el Cielo y en la Tierra está con nosotros y

promete nunca dejarnos cuando hacemos discípulos en obediencia a su mandato.

2. **No saben con quien compartir el Evangelio.**
   - Ore para que Dios le dé sabiduría y traiga a la mente a las personas a quienes debería testificar. Éstas son probablemente la mayoría de las personas que usted ve de manera regular, y tiene una relación personal con ellas.
   - En la siguiente página: Escriba los nombres de todos los miembros de su familia, parientes, vecinos, amigos, colegas, y compañeros de clase que Dios trae a su mente que no han llegado a Cristo.
   - Organícelos en grupos de 5 (preferentemente en grupos que se relacionan o personas que ya se conocen el uno al otro... para comenzar, inicie con al menos 24 nombres).

3. **No saben cómo compartir el Evangelio.**
   - Primero, pida al Espíritu Santo que le capacite: a amar a Dios, amar a otros; y a conducir y guiar su vida y ministerio (Ro. 8:9-11; Ef. 3:16, 5:18; Gá. 5:16).
   - Escriba su testimonio (sólo por 2-3 minutos) sobre cómo llegó a poner su fe y esperanza en Cristo.
   - Acomódelo hasta que sea claro y fácil de entender.
   - Cada uno cuente su testimonio a otro y pida retroalimentación. Luego hagan los ajustes correspondientes.
   - Repita este proceso hasta que todos se expresen de manera clara y con seguridad.

La forma básica de un testimonio:
Primero, muestre preocupación e interés genuino por otros. Ore por ellos y cuide de ellos. Luego comparta:
   - Cómo viví y cómo era mi vida antes de creer en Jesús. (Si usted llegó a Jesús a una edad temprana comience con la manera que llegó a conocerle).

- Cómo llegué a conocer a Jesús (O cómo me volví a comprometer o dedicar respecto a una decisión anterior).
- Cómo ha cambiado mi vida después que creí. El mensaje final: "¡Conocer a Jesús como Señor y Salvador cambió mi vida!"

Acción para la semana:
- Hoy día haga una cosa – Vaya y vea a alguien de su lista y comparta con él o ella su historia.
- Durante la semana – dé su testimonio a cinco personas de su lista. Cuénteles. No les pregunte.

Mi lista de quienes me comprometo a orar y testificarles:

1. _____
2. _____
3. _____
4. _____
5. _____
6. _____
7. _____
8. _____
9. _____
10. _____
11. _____
12. _____
13. _____
14. _____
15. _____
16. _____
17. _____
18. _____
19. _____
20. _____
21. _____
22. _____
23. _____
24. _____

Para más estudio esta semana:
- De acuerdo a 1 Pedro 3:15-16, ¿qué debería estar siempre listo a hacer?
  o ¿Qué motivos darían inicio a esta conversación?

- ○ ¿Qué preparación debe tener usted para estar listo?
- Mire en 1 Corintios 2:1-5:
  - ○ Desde el versículo 1, ¿qué cosa NO fue incluida en su testimonio? ¿Cómo podría reflejarse eso hoy en día?
  - ○ ¿Cuán complicadas fueron sus declaraciones doctrinales?
  - ○ ¿Cómo debería eso afectar nuestras discusiones con otros?
  - ○ ¿A qué poder se estaba refiriendo en los versículos 4-5? ¿Cómo se podría reflejarse eso actualmente en su historia?

¡Ahora que usted ha preparado su historia, Vaya y cuéntela! ¡Deje los resultados a Dios!

Semana 2
Plan de Lección del Maestro y Guía #2

Acciones	Contenido	Método
Introducción	Los ciudadanos de Roma solían decir que: "Todos los caminos llevan a Roma." Pero eso no se aplica a la salvación. Hoy vamos a ver el único camino al cielo a partir de 5 versículos.	Maestro
Narrar: La historia de Dios	Cuente la Historia de Dios utilizando: • Romanos 3:23 • Romanos 6:23 • Romanos 5:8 • Romanos 10:9-10 • Romanos 10:13 	Maestro
Demostración	Divida a los aprendices en parejas y pídale a cada uno que comparta la historia de Dios a su compañero.	Grupo pequeño/parejas
Retroalimentación	Retroalimentación el uno al otro	Grupo pequeño/parejas
Identifique: 4 Cosas esenciales del Evangelismo	Juan 4:14-42 leído por el Maestro Debata en grupos pequeños	El Maestro lee, Grupo pequeño/parejas
Retroalimentación : 4 Cosas esenciales del Evangelismo	Retroalimentación al grupo más grande	Retroalimentació n por Grupo pequeño/parejas

Lección 2 – La Historia de Dios – El Camino de Dios

Cada aprendiz será capaz de:
- Relatar la historia de Dios.
- Dibujar el Camino de Romanos.
- Identificar y repetir los 5 versículos del Camino de Romanos.
- Compartir las 4 cosas esenciales del evangelismo: Juan 4:14-42.

Antes de que comience la lección 2 verifique todos hayan dado su testimonio a las personas que se habían propuesto alcanzar.

En la última lección usted vio su historia y cómo contarla. En esta lección aprenderemos a contar **la historia de Dios. El Camino de Romanos** es una manera simple de relatar la Historia de Dios. Esto le ayudará a evangelizar usando la Escritura.

Contando la Historia de Dios
Dibuje el siguiente diagrama simple:

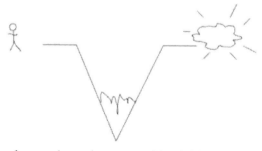

Explique que el espacio es la separación del hombre de Dios.

1. **Romanos 3:23** dice, "porque todos pecaron y no alcanzan la gloria de Dios."

Pecar significa errar al blanco. Si intento tirar una roca sobre una montaña, mi intento se quedará corto. Algunos tirarán más lejos que otros, pero ninguno lo logrará.

2. **Romanos 6:23** dice, "Porque la paga del pecado es muerte; pero el don de Dios es vida eterna en Cristo Jesús, Señor nuestro."

Lo que ganamos por ser pecadores es la muerte. Lo que recibimos de Dios, como un regalo gratuito, es la vida.

Que alguien repita los dos versículos. Luego que toda la clase lo recite varias veces hasta que todos se sientan a gusto haciéndolo.

Dibuje la Cruz para cubrir el espacio.

3. **Romanos 5:8** dice, "en que siendo aún pecadores, Cristo murió por nosotros."

Esto significa que Él tomó la separación de Dios que merecemos. También significa que Él no nos pidió que nos limpiáramos primero para merecer la vida eterna. Aun siendo pecadores Jesús murió en nuestro lugar. Y finalmente...

4. **Romanos 10:9** dice, si "confiesas con tu boca que Jesús es el Señor, y si crees en tu corazón que Dios le levantó de entre los muertos, serás salvo."

Creer significa depender de. Cuando usted se sienta en una silla, depende de ella para sostener su peso. Cuando dependemos de Jesús confiamos en que Él hace por nosotros lo que Él dice hará. Cuando creemos que Jesús murió en nuestro lugar, estamos dependiendo de Él para llevar el peso de nuestro pecado.

Que un voluntario repita los versículos de abajo. Que toda la clase los recite juntos.

Que dos voluntarios se levanten, dibujen el diagrama y expliquen los versículos.

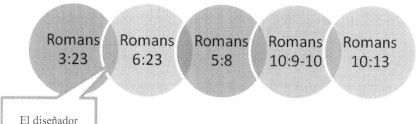

Romans 3:23   Romans 6:23   Romans 5:8   Romans 10:9-10   Romans 10:13

El diseñador debe colocar "Romanos" en vez de "Romans"

LAS CUATRO COSAS ESENCIALES DEL EVANGELISMO
(Juan 4:4-42)

La mujer samaritana nos muestra 4 cosas esenciales en el evangelismo. Estas son:

28 – Obediencia inmediata
29 – Testimonio personal
29 – Presentación del Evangelio
30 – Presentar a Jesús

La Escritura nos dice que muchos creyeron. Si usted quiere ver que muchos lleguen a la fe en Cristo, entonces puede seguir los ejemplos de arriba.

Acción por la semana:
- Durante la semana – cuente la Historia de Dios a las siguientes cinco personas de su lista. También, dibuje el diagrama y déselos.

Para más estudio esta semana:
Hasta la fecha, usted ha identificado a amigos, familia y vecinos, y ya les comenzó a contar su historia. Ahora también está listo para compartir con ellos la historia de Dios en esta semana. Mientras tanto, hay algunas cosas que considerar a medida que continúa este viaje:

- Ore por las personas de su lista que escribió la semana pasada.
- ¡Mantenga un diario de cómo Dios contesta sus oraciones!
- Pida a Dios que abra los corazones de estas personas a su alrededor y tráigalos a Cristo, y hágales seguidores fieles de Jesús.
- Pida a Dios que le dé sabiduría y discernimiento sobre cómo aplicar los pasos y herramientas que está aprendiendo cada semana.
- Pida a Dios que le dé fuerza, que le ayude a ser fiel, y que le llene con Su amor por las personas con las que estará hablando esta semana.

Trate de mostrar el cuidado y la bondad a las personas por quienes está orando, y procure de manera intencional hacer cosas juntos. A medida que considera sus relaciones con las personas de su lista, hágase a sí mismo las siguientes preguntas:

- ¿Qué dirían aquellas personas por las que está orando acerca de su relación con usted? ¿Por qué dirían eso? ¿En qué áreas no está siendo un buen amigo? ¿Qué pasos necesita tomar para cambiar? ¿Cómo puede construir mejores relaciones/amistades?
- Recuerde que el crecimiento en esta área no sólo le beneficiará, sino que también servirá para construir el Reino de Dios.

Algunas formas prácticas de preguntarles a las personas cómo usted puede orar por ellos. ¡Acuérdese de utilizarlas y realmente ore!
"Sé que esto puede sonar un poco raro, pero últimamente he estado orando por usted, y me estaba preguntando ¿hay alguna

cosa específica en su vida por la que puedo orar en esta semana?"

"Tengo un ministerio personal de orar por las personas. ¿Hay alguna cosa en su vida por la que puedo estar orando esta semana?"

Semana 3
Plan de Lección del Maestro y Guía # 3

Acciones	Contenido	Métodos
Introducción	Revise la lección anterior	Maestro
Preguntas y Respuestas	Si usted fuera a morir hoy, ¿sabe si iría al cielo?	Grupo Grande
Discusión	1 Juan 5:11-13 Juan 5:24; 10:29; 17:1-3 Judas 24 Romanos 8:16; 8:38-39	Discusión en grupos pequeños
Retroalimentación	Comparta sus descubrimientos con el grupo grande.	Reportero de grupos pequeños
Explicación	El camino de la salvación	Maestro
Memorizar	Lectura y memorización de 1 Juan 5:12 y Romanos 8:38-39	Maestro y aprendices

Lección 3 –Seguridad de Salvación

Cada aprendiz será capaz de:
- Comunicar claramente la seguridad de su salvación.
- Identificar al menos 3 versículos que hablan acerca de la seguridad de salvación.
- Demostrar el camino de la Salvación.
- Memorizar: 1 Juan 5:12; Romanos 8:38-39.

Revisar:
- Revise el Camino de Romanos. Pregunte a cada persona si ha presentado su historia y la historia de Dios a 10 personas de su lista.

Felicitaciones, usted ha nacido en la familia de Dios. Usted es un hijo de Dios. De aquí en adelante usted tiene una nueva relación con Dios y puede recibir todas Sus promesas.

1. Repasemos cómo recibimos la vida eterna a través de Jesús.

A. ¿Cuál es el resultado del pecado?
(Romanos 6:23)_____
_____

B. Las personas prueban muchas maneras diferentes para encontrar a Dios pero fallan, ¿por qué?
(*Efesios 2:8-9*)_____
_____

C. ¿Cómo nos lleva Dios hacia Él Mismo?
(*1 Pedro 3:18*)_____
_____

¿Cómo podemos estar seguros de nuestra salvación?

Lea y discuta: 1 Juan 5:11-13; Juan 5:24; 10:29 17:1-3; Judas 1:24; Romanos 8:16; 8:38-39

2. El camino de la salvación

A. La redención de Jesús + su fe = salvación.

¿Dios ha hecho lo que Él quiere hacer? _____ Sí _____ No
¿Usted ha hecho lo que necesita hacer (creer en verdad)?
_____ Sí _____ No

¡Si usted ha creído, entonces es salvo!

B. ¿Qué promete Jesús a aquellos que le siguen?
(*Juan 10:28*)_____

_____

C. La vida eterna no sólo significa que vivirá por siempre. Significa que está vivo y vive ahora con Dios en Su Reino. También significa que podemos vivir una vida de santidad, rectitud, bondad, y fuerza. Por siempre disfrutaremos de la comunión y las bendiciones de Dios.

D. Creer en Cristo no sólo significa que tendrá vida eterna, sino que comienza ahora mismo, tiene una nueva vida, que le permite experimentar paz, gozo, y las bendiciones en este preciso momento. Usted también vivirá para bendecir a otros y contarles sobre el amor maravilloso de Jesús.

3. Su respuesta.

¿Usted sabe que ha sido salvado? _____ Sí _____ No
¿Usted sabe que ha recibido la vida eterna? ____ Sí ____ No
Posibles conclusiones (encierre uno)
    He sido salvo

No he sido salvo

Todavía no lo sé.

4. **Si alguno está en Cristo, nueva _____ es, las_____ viejas pasaron, he aquí todas son hechas nuevas. (*2 Co. 5:17*)**

   A. Los que son salvos cambiarán. ¿Ha experimentado los siguientes cambios?

     ____ paz interior

     ____ conciencia de pecado

     ____ siente el amor de Dios

     ____ habilidad para derrotar el pecado

     ____ paz de haber sido perdonado

     ____ deseo de relacionarse con Dios

     ____ cuidado y amor por otros

     ____ pasión por la oración

5. **Si usted peca nuevamente, ¿es todavía salvo?** (*1 Juan 1:9*)

6. **Por favor con mucho gozo rellene su "certificado de nacimiento" espiritual.**

En ____ (año) ____ (mes) ____ (día)

> He recibido a Jesús en mi vida como mi Salvador. Él me llamó, perdonó mi pecado, llegó a ser mi Señor, y tomó el control de mi vida. He llegado a ser un hijo de Dios, y soy una nueva creación. He comenzado una nueva vida.
> Firma: _____

7. **Versículos de la Biblia para memorizar**

   "El que tiene al Hijo tiene la vida; el que no tiene al Hijo de Dios no tiene la vida." (*1 Juan 5:12*)

"De modo que si alguno está en Cristo, nueva criatura es; las cosas viejas pasaron; he aquí todas son hechas nuevas." *(2 Co. 5:17)*

¡Cuando usted recibe esta gran salvación su vida está llena de gozo y paz! Lo primero que debería hacer es compartir estas buenas noticias con los que le rodean y orar por ellos.

Acción por la semana: Cuéntele al menos a 5 personas todo lo que ha oído y aprendido hoy. Además, entrene a estos individuos a compartir y entrenar a otros. En las siguientes semanas continúe contándoles al menos a 5 individuos más. Ésta es una gran noticia y es la voluntad de Dios; Él está deseoso de que todos reciban la salvación.

Para más estudio esta semana:
- Lea Tito 2:11-14, 1 Pedro 1:3-5. ¿Qué aprende de estos versículos? ¿Cómo le animan?
- Considere a las personas de su lista y a su alrededor ¿quién no tienen esta seguridad? ¿Qué debe hacer?

Tome tiempo para considerar por qué está tomando este curso y recuerde por qué está haciendo lo que hace.
- Si usted falla este punto, todo el curso puede estar basado en su propio desempeño externo, y no en una expresión del amor de Dios por usted y su amor por Él.
- ¿Cuál es la esencia de la Gran Comisión?
- ¿Cuál es el Gran Mandamiento? (Mt. 22: 37-39).
- ¿Cómo está obedeciendo la segunda parte del Gran Mandamiento como una prueba de la primera parte?
- ¿Cuál es el mayor acto de amor que puede hacer por una persona que no tiene una relación con Cristo?

Comprométase esta semana al cumplimiento de la Gran Comisión y el Gran Mandamiento en su vida.
¡Esto tiene que llegar a ser su único estilo de vida!

Semana 4
Plan de Lección del Maestro & Guía # 4a

Acción	Contenido	Método
Introducción	Preguntas acerca de la oración	Maestro
Discusión	¿Por qué orar? ¿Para qué orar? ¿Las respuestas de Dios? ¿La voluntad de Dios? ¿Las actitudes de la oración? ¿Las herramientas para la oración efectiva?	Discusión en grupo pequeño. Cada grupo se encarga de un tema.
Retroalimentación	Dé un informe sobre la discusión	Retroalimentación en grupo pequeño
Discusión	Discuta y dé un informe sobre lo que acaba de ocurrir	El maestro guía la discusión al grupo grande
Aplicación	Cómo implementar la oración en nuestras vidas diarias	Maestro
Demostración	Oración	Grupos pequeños de dos para orar juntos

*La lección 4a y 4b pueden estar divididas en dos semanas separadas si así lo escoge.

Lección 4a – Comprendiendo la Oración

Cada aprendiz será capaz de:
- Explicar las cuatro razones del por qué necesitamos de la oración.
- Identificar por qué orar.
- Especificar las tres respuestas de Dios para la oración.
- Explicar las 5 herramientas para la oración efectiva.
- Describir las 5 actitudes que resultan de la oración.

La oración es "hablar" con Dios y "escuchar" a Dios. Cuando usted ora debería ser claro y sincero, tal como la Biblia registra cómo Jesús "habló" con Dios y le enseñó a Sus discípulos.

¿Por qué necesitamos orar?
1. Este es un mandamiento de Dios:
   "orar_____." (*Lucas 18:1*)
   "orando en todo tiempo en el Espíritu, _____
   _____." (Ef. *6:18*)

2. Este es el medio de como mostramos y expresamos nuestra necesidad:
   Usted puede _____ (*1* Pedro *5:7*)

3. Para buscar la guía de Dios:
   "Clama a mí, y te responderé; y te revelaré cosas grandes e inaccesibles que tú no conoces." (Jer. *33:3*)

4. Para que "alcancemos misericordia y hallemos gracia para el oportuno socorro." (Heb. *4:16*)

¿Por qué cosas necesita orar?
"Por nada estéis afanosos; mas bien, presentad vuestras _____ delante de Dios en _____ oración y ruego, con acción de gracias. Y la paz de Dios, que sobrepasa todo entendimiento, guardará vuestros corazones y vuestras mentes en Cristo Jesús." (*Fil. 4:6-7*)

El contenido de la oración

Trace una línea entre el versículo y la descripción correcta de la oración.

Alabanza: Alabe la naturaleza de Dios   *1 Jn. 1:9*
Acción de Gracias: Agradezca a Dios por Su gracia   *Fil. 4:6-7*
Petición: Pida a Dios que satisfaga sus propias necesidades *Sal.135:3*
Intercesión: Pida a Dios que satisfaga las necesidades de otros *1 Ts. 5:18*
Confesión: Pida a Dios que perdone sus pecados   *1 Ti. 2:1*

Tres respuestas para la oración:

1. **Sí:** Usted puede continuar.
2. **No:** Usted no puede continuar.
3. **Espera:** Dios no responde: ¡Usted debe ser paciente!

La triple voluntad de Dios

A. Lo que Dios nos ha mandado a hacer: Su Perfecta Voluntad. Esto es lo que Dios ya ha determinado; nunca cambiará por la oración o el estilo de oración de alguien.

B. Lo que Dios permite: Su voluntad permisiva. A veces, Dios permitirá que recibamos algo en respuesta a las súplicas de alguien, pero debemos responsabilizarnos de lo que recibimos.

C. Lo que es agradable a Dios – (*Ro. 12:2*)

Las herramientas para la oración efectiva:

1. Ore "en el nombre de Jesús" (*Jn. 14:13*), porque sólo a través de Jesús una persona puede venir ante Dios, (*Jn. 14:6*). Implica aquello que Jesús quisiera que Ud. ore. Lo que Él aprobaría.

2. Terminando nuestra oración con "Amén" significa orar con un corazón sincero (*Mt. 6:13*). Amén significa "Que así sea."

25

3. La oración tiene muchas partes: alabanza, acción de gracias, peticiones, intercesión, y confesión. Utilice cada una de estas partes.
4. Ore de una manera natural y comprensible; sin palabrerías.
5. Uno puede orar en cualquier tiempo del día y en cualquier lugar. No hay límite en el tiempo y/o lugar de oración.

Actitudes de la oración

Actitud:	Versículo:
1. Tenga fe...	*"Pero pida con fe, no dudando nada..."* *(Santiago 1:6)*
2. Tenga la motivación correcta ... y el debido respeto	*"No tenéis, porque no pedís. Pedís, y no recibís; porque pedís mal."* *(Santiago. 4:2-3)*
3. Confiese sus pecados ...	*"Lávame más y más de mi maldad, y límpiame de mi pecado."* *(Salmos 51:2)*
4. Pida conforme a Su voluntad...	*"Y ésta es la confianza que tenemos delante de él: que si pedimos algo conforme a su voluntad, él nos oye."* *(1 Juan 5:14)*
5. Ore con un corazón fiel...	*"...de orar siempre y no desmayar."* *(Lucas 18:1)*

Pasos de acción:
- Comience a orar 5 minutos al día, 5 días a la semana, por 5 personas de su lista, específicamente por su salvación.
- Comience a orar por la persona de paz.

Plan de Lección del Maestro y Guía # 4b

Acción	Contenido	Método
Introducción	Explique la necesidad de las devociones diarias	Maestro
Discusión	Qué es una vida devocional y cómo nos ayudará	Discusión en grupo grande
Discusión	Dé a cada grupo una herramienta para discutir cómo puede ser usada en un tiempo devocional: • Biblia • Bolígrafo y cuaderno de apuntes • Lugar • Tiempo • Plan	Discusión en grupo pequeño
Retroalimentación	Cada herramienta	Informe del grupo pequeño
Explicación	Tres partes para un devocional • Prepárese • Busque a Dios • Sea Consistente	Maestro
Conclusión	La oración en grupos pequeños dedicados a tener devociones diarias	Grupo pequeño

Lección 4b – Devocionales Diarios

Cada aprendiz será capaz de:

- Decir dos cosas por las que se identifica una vida devocional.
- Mencionar tres formas en que una vida devocional ayudará a un cristiano.
- Mencionar y explicar la importancia de las cinco herramientas para ayudarle a crecer en su vida espiritual.
- Describir las tres partes de un devocional.
- Desarrollar una agenda para devocionales diarios.

Para conocer realmente a una persona, usted necesita tener un contacto regular con esa persona. De la misma forma, si quiere tener una relación cercana con Dios, es de ayuda "establecer un tiempo" diario sólo para Dios. Necesitamos "establecer un tiempo con Dios" para un devocional diario.

Dos partes simples que identifican una vida devocional.

1. Hable con Dios a través de la oración.
2. Deje que Dios le hable a través de la lectura y reflexión de la Biblia.

El propósito de nuestra vida devocional es ayudarnos:

1. A adorar a Dios – ¡Honrarlo!
2. A tener comunión con Dios - Compartimos nuestras inquietudes.
3. A ser guiado por Dios – Conocer Su voluntad y hacerla.

La actitud de nuestro tiempo devocional

¿Qué actitud tiene el salmista hacia Dios?
(*Sal. 42:1-2*) _____

_____

(*Sal. 119:147-148*) _____

_____

Sugerencias y herramientas para su vida espiritual:

Biblia: Anote la Escritura; lea y luego anote lo que aprendió de la lectura. Medite en el versículo. Recuerde que usted no puede cambiar lo que dice la Biblia, pero puede escribir cómo afecta su vida. La Biblia es la respuesta a cuatro grandes preguntas. ¿De dónde vengo? ¿Por qué existo? ¿Cómo debería vivir? ¿A dónde iré en el futuro?

Bolígrafo y cuaderno de apuntes: Anote lo que siente que Dios le está diciendo durante su tiempo devocional. "Acuérdate de todo el camino por donde te ha conducido Jehovah tu Dios" (Dt. 8:2). Usted también puede anotar los nombres y necesidades de aquellos por los que está orando.

Lugar: Elija un lugar donde pueda encontrarse con Dios sin ser perturbado. Dios quiere que se concentre cuando está delante de Él.

Tiempo: Encuentre el tiempo más apropiado donde pueda consistentemente encontrarse con Dios. Sin embargo, recuerde que la meta es permanecer en íntima comunión y estar consciente de Él todo el día.

Plan: Elija un libro de la Biblia para leer a su propio ritmo, luego medite, escriba, ore y obedezca.

Preparándose para encontrarse con Dios

Ore:	"Abre mis ojos, y miraré las maravillas de tu ley." (Sal. 119:18)
Prepárese:	Tome consigo las cosas que necesita y encuentre un lugar tranquilo. Prepare su corazón, espere en Dios. Confiese sus pecados.
Busque a Dios:	Cuidadosamente lea un versículo o una porción de la Escritura. Medite sobre cómo se relaciona ese pasaje con usted. Hable con Dios sobre lo que leyó.

Siga adelante:	Obedezca lo que Dios le revela. Comparta con otros lo que ha aprendido.

Desarrollando su vida devocional

Sea fiel en mantener sus devocionales diarios. **Persevere manteniendo sus devocionales diarios; haga de este tiempo una parte de su vida diaria.**

1. La decisión de encontrarse diariamente con Dios es suya. Si usted mantiene un tiempo diario con Dios, se dará cuenta que crecerá en su vida espiritual.

2. Mientras Jesús estaba en esta tierra dijo, *"Más bien, buscad primeramente el reino de Dios y su justicia" (Mt. 6:33).* De todas las cosas que encuentre en este mundo, no hay nada que sea más importante que estar con Dios. ¡Si está demasiado ocupado para pasar tiempo con Dios usted está demasiado ocupado!

3. Uno de los objetivos de Dios es que usted tenga comunión con Él y le conozca. Su objetivo debería ser alabar y adorar a Dios. Aunque las devociones le traerán muchos buenos sentimientos, nuevas percepciones y muchas bendiciones, el propósito principal de tener devocionales es conocer y adorar a Dios.

Acción para la semana: Su Compromiso

¿Está dispuesto a comprometerse con un devocional diario? ¡Usted rendirá cuentas de aquello que se comprometa!

Firma_____

Fecha de inicio: _____

Tiempo: _____

Lugar: _____

*Recuerde orar diariamente para que Dios le guie a la persona de Paz.

Para más estudio esta semana:

A medida que crece en su oración y vida devocional, es importante reconocer que la vida cristiana no sólo se trata de su relación personal con Dios, sino también acerca de Su plan redentor para reconciliar todas las cosas para Su Gloria. ¡Somos llamados a ir y a alcanzar el mundo a nuestro alrededor con el Evangelio!

- **Lea Salmo 139:13-16 y Hechos 17:24-28.** ¿Qué clase de tema ve cuando lee estos versículos?
- Debemos entender que Dios únicamente nos diseñó, dotó y puso en lugares específicos en el tiempo a fin de que otros también puedan conocerle. ¡Cada uno de nosotros podemos salvarnos como una vida individual, pero no somos salvos PARA una vida individual!
- Cuando regrese hoy a su casa, recuerde que no está en su barrio/pueblo por equivocación. Cada uno de sus vecinos están allí por el designio de Dios. Si usted no comparte de Cristo con ellos, ¿quién lo hará? Dios le ha designado exactamente como Él quiere y le ha colocado exactamente donde debería estar. ¿Está siendo obediente?

Otra pregunta: ¿Está presente en su vida privada y sus relaciones el impacto del Evangelio? ¿Es claramente visible y manifiesto?

El Evangelio no es algo que debiera permanecerse de manera personal y privada. Las personas que mantienen el Evangelio de manera privada pueden saber cómo se relaciona éste con su vida, pero a menudo nadie más lo sabe. Sus niños nunca podrán ver cómo el Evangelio afecta sus decisiones, argumentos, finanzas, etc. Sus vecinos nunca oirán acerca de la esperanza

31

que tienen en Cristo. Sus colegas estarán preguntándose qué los hace diferentes.

¿Cómo puede hacer que el Evangelio y la obra de Cristo en su vida sea claro para otros esta semana? ¡Comparta cómo su relación con Cristo se relaciona con todo lo que hace! ¡Hable de Cristo! ¡No tenga temor de dirigir a otros hacia Cristo! ¡Cuando el Evangelio se mantiene en privado, muy pronto se perderá! ¡No permita que esto le suceda!

Semana 5
Plan de Lección del Maestro y Guía # 5a

Acción	Contenido	Método
Introducción	¿Qué es la iglesia?	Maestro
Discusión	Dos grupos, discutir una pregunta cada uno: ¿Cuál es la relación entre Jesús y los cristianos en la Biblia? ¿Cuál es la posición de Cristo en la iglesia?	Discusión en grupo pequeño
Retroalimentación	Descubrimiento de lo que se ha discutido	El grupo pequeño da el informe
Demostración	La Guía Práctica – El propósito de la iglesia	Maestro y estudiantes practican
Juego	Competencia por grupos pequeños; El primero en encontrar las cinco funciones en Hechos 2:41-47	Grupo pequeño
Retroalimentación	El primer grupo pequeño en terminar da el informe	Grupo pequeño da el informe

*Lección 5a y 5b pueden estar divididas en dos semanas separadas si así lo escoge.

33

Lección 5a – La Vida en la Iglesia

Cada aprendiz será capaz de:
- Explicar lo que es y lo que no es la Iglesia.
- Explicar la relación entre Jesús y los cristianos.
- Describir cuál es la posición de Cristo en la iglesia.
- Usar sus dedos para enseñar acerca de la iglesia.
- Explicar las cinco funciones de la iglesia con referencia a Hechos 2:41-47.

Cuando usted llega a ser cristiano, forma parte de la familia de Dios. Dios es su Padre celestial, y todos los cristianos son sus hermanos y hermanas, parte de la misma familia. *"...en la casa de Dios, que es la iglesia del Dios vivo..."* (*1 Ti. 3:15*). La casa de Dios no es un edificio, y la "iglesia" no es un lugar de culto, la iglesia es un **cuerpo de creyentes.**

1. ¿Cómo describe la Biblia la relación entre Jesús y los cristianos?

A. (*Ro. 12:5*)_____

_____

B. (*Ef. 1:22-23*)_____

_____

2. ¿Cuál es la posición de Cristo en la iglesia?

A. (*Ef. 5:23*)_____

_____

3. ¿Cuál es el propósito de la Iglesia?

Cinco dedos le ayudarán a recordar:

Un Dedo: La iglesia tiene un propósito: GLORIFICAR a DIOS. La iglesia también tiene una Cabeza - CRISTO *(Ef. 1:22-23)*
*   Cristo es la Cabeza de la iglesia. No hay otro. Dios ha ordenado sólo un *"Príncipe de los pastores"* (1 Pedro 5:1-4). Dentro del cuerpo de Cristo no hay jerarquía. *"El ojo no puede decir a la mano: 'No tengo necesidad de ti.'"* (1 Co. 12:21). Más bien todas las partes trabajan juntas por el bien del cuerpo. Cada creyente es parte del cuerpo y la membresía incluye responsabilidad mutua (1 Co. 12:27).

Dos Dedos: La iglesia tiene dos autoridades: El Espíritu Santo y la Palabra de Dios.

1. **El Espíritu Santo** – Dios ha provisto a cada creyente Su Espíritu como consejero. El Espíritu mora dentro de nosotros desde la conversión y nos guía/capacita hacia la acción y pensamiento correcto. Cuando pecamos, el Espíritu trae convicción guiándonos hacia el arrepentimiento y confesión ante Dios. Su voz debe ser reconocida cuando guía al creyente en la voluntad de Dios.

2. **La Palabra de Dios** – A fin de guiar a la iglesia, Dios aseguró el registro de Su instrucción y plan para la humanidad. Está libre de errores y es la herramienta suficiente para discernir todos los asuntos de fe y práctica. La Escritura enfoca todos los asuntos concernientes a la iglesia y

debe ser fundamental en el proceso de toma de decisiones del cuerpo de Cristo (*2 Ti. 3:16-17*).

De manera conjunta el Espíritu Santo y la Palabra de Dios guían a la iglesia, y nunca se contradirán el uno al otro. El Espíritu de Dios utiliza la Palabra como una herramienta para instruir y a veces para reprender al creyente. La Palabra es la herramienta del Espíritu para moldear y dirigir la iglesia. Ambos de manera conjunta proveen todo lo que se necesita para que la iglesia siga avanzando en la seguridad de la voluntad de Dios (Para más estudio vea: Efesios 5 y Colosenses 3).

Tres Dedos: El liderazgo de la iglesia tiene tres oficios: Jesús, los Ancianos/Pastores, y Diáconos. **Requisitos:** Los requisitos pueden encontrarse en Tito 1 y 1 Timoteo 3.
1. Asegurar la designación del liderazgo en la iglesia es un objetivo digno del plantador de iglesia. El plantador de iglesia debería notar que en ninguna parte de la Escritura Pablo o cualquier miembro de su equipo de plantación de iglesia es llamado pastor. Normalmente, el plantador de iglesias en el Nuevo Testamento no desempeñaba este rol, (aunque podría hacerlo como plantador/pastor fundador de la iglesia). Más bien, Pablo da instrucciones a Tito, reconociendo que este rol desde dentro de la iglesia es clave para la formación de la iglesia (Tito 1:5).
2. Muchos creen que el pastor debe hacer las obras de ministerio/servicio. Una lectura más cuidadosa de Ef. 4:11-12 revela que las obras de servicio son el trabajo de cada creyente. El pastor/anciano es el equipador.
3. Los Diáconos sirven al Señor sirviendo al cuerpo de la Iglesia.

Cuatro Dedos: La iglesia tiene cuatro señales de madurez...
1. Autónoma (Hechos 6:1-7)
2. Auto-reproductiva (1 Ts. 1:7-8)
3. Autosustentable (Hechos 2:44-45; 4:34-35)
4. Autorregulada (2 Ti. 3:16-17)

(Para más explicación sobre esto vea la pág. 114-118).

Cinco Dedos: La iglesia tiene cinco funciones...
1. Adoración - La expresión de amor hacia Dios.
2. Comunión - Amar el Cuerpo de Cristo.
3. Enseñanza/discipulado: Enseñar a otros a obedecer todo lo que Cristo ha mandado.
4. Ministerio - Obras de servicio hacia todos.
5. Misión: El Evangelismo/bautismo lleno del Espíritu: ¡Vayan!

Observe el cuadro:

Las Funciones de la Iglesia
Adoración: *"_____Cantad a Jehovah un cántico nuevo; sea su alabanza en la congregación de los fieles." (Sal. 149:1)*
Comunión: *"Considerémonos _____ para estimularnos al amor y a las buenas obras." (He. 10:24)*
Enseñanza: *"y enseñándoles que guarden todas las cosas que os he mandado..." (Mt. 28:20)*
Ministerio: *"a fin de capacitar a los santos para la obra del ministerio, para la edificación del cuerpo de Cristo."(Ef. 4:12)*
Misión: El Evangelismo /Bautismo lleno del Espíritu: *"Pero recibiréis poder cuando el Espíritu Santo haya venido sobre vosotros..." (Hechos 1:8)*

*¡Hacemos discípulos yendo, bautizando y enseñando a otros a obedecer TODO lo que Cristo nos mandó!

4. ¿Por qué debería asistir a la iglesia?
- Porque necesitamos adorar, tener comunión, enseñanza, disciplina, ánimo y responsabilidad mutua.
- Porque éste es el mandato de Dios: *"No dejemos de congregarnos, como algunos tienen por costumbre; más bien, exhortémonos, y con mayor razón cuando veis que el día se acerca." (He. 10:25)*
- Para evitar desviarse de la verdad de la Biblia.
- Porque hay cristianos maduros en la iglesia para ayudarle en su desarrollo espiritual.

5. Privilegios y responsabilidades que tenemos en la iglesia.

Nuestro privilegio de declarar nuestra unión con Cristo – el Bautismo *(Ro. 6:1-14, Hechos 2:41)*
- El bautismo es una proclamación y afirmación de nuestra fe. El bautismo es un testimonio de nuestra fe para los demás.
- Las palabras y acciones del bautismo comunican a los presentes que somos colocados en Jesucristo. (*Ro. 6:3*)
- Sabemos y sentimos que somos libres del viejo hombre, y ahora vivimos una nueva vida en el poder de la resurrección. *(Ro. 6:6-14)*
  Pues, por el bautismo fuimos _____ juntamente con él en la muerte, para que así como Cristo fue _____ de entre los muertos por la gloria del Padre, así también nosotros andemos en novedad de vida. Porque así como hemos sido _____ con él en la semejanza de su muerte, también lo seremos en la semejanza de su resurrección. (Ro. *6:4-5)*
- El bautismo es un símbolo de nuestra fe, y una parte fundamental al hacer discípulos. (Mt. 28:19-20)

El bautismo no tiene el poder de perdonar pecados. Somos salvos cuando confesamos con nuestra boca y creemos en nuestro corazón. *(Ro. 10:9)*

Nuestra responsabilidad de Recordar – la Cena del Señor
- Jesús personalmente estableció esto como un recordatorio de Su muerte y la sangre derramada por nuestro pecado (*Mt. 26:17-19, 26-30*).
- Cuando participamos de la Cena del Señor, debemos recordar y dar gracias. "Pero él fue _____ por nuestras _____, _____ por nuestros _____." (*Isaías 53:5*).
- Cuando participamos de la Cena del Señor, es un tiempo para examinar nuestras acciones y nuestra fe. (*1 Co. 11:23-29*)
- Cuando participamos de la Cena del Señor es un momento para orar. (Juan 15-17)

Nuestro privilegio /responsabilidad de dar – las Ofrendas

Las ofrendas son 'regalos de agradecimiento' dados a Dios y acciones de adoración a Dios. Las ofrendas pueden incluir sacrificios de vida de una persona, metas, tiempo, habilidades y finanzas.

Las ofrendas monetarias son requeridas por Dios y es una prueba de fe, amor, y obediencia del discípulo. Hay tres clases de ofrendas monetarias:

Diezmos: Dios mandó a su pueblo en el Antiguo Testamento a dar el diezmo, diciéndoles que el diezmo pertenece a Dios. El diezmo significa el 10 %. El diezmo no era realmente una ofrenda, pero era lo que estaban obligados a dar. (Lv. *27:30-31*) (Vea Malaquías 3:8-9).

Ofrendas: Ésta es una ofrenda verdadera, que proviene de un corazón agradecido y sincero, por encima del diezmo. La cantidad de la dádiva es una decisión personal. No podemos adorar a Dios sin dádivas y ofrendas. Habitualmente, no deberíamos venir con las manos vacías a la presencia de Dios. (Hechos 2:45; 2 Co. 9:7)

Ofrendas de amor: Ésta es una ofrenda dada a otros. Está motivada por el amor y se da de acuerdo a lo que tenga la persona y según las necesidades de otros. (2 Co. 8:9-15).

Pasos de acción:
- **Comience a reunirse con aquellos que ha guiado a Cristo, y explíqueles las 5 funciones de la iglesia.**
- **Comience a dar sus diezmos y ofrendas.**

Plan de Lección del Maestro y Guía # 5b

Acciones	Contenido	Método
Introducción	¿Cómo instruyó Jesús a Sus discípulos para dirigirse a Dios en Mateo 6:9?	Maestro
Identificación	• Jeremías 31: 3 • 1 Juan 3:1 • 2 Tesalonicenses 3:3 • Salmos 34:6-7 • Reyes 6:15-18 • Daniel 3 • 1 Corintios 10:13 • Mateo 6:31-32 • Romanos 8:32 • Filipenses 4:19 • Efesios 4:13 • Proverbios 27:17 • 2 Timoteo 3:16 • Santiago 1:2-4 • Hebreos 12:6-7	Forme 4 grupos y cada uno debatirá un conjunto de versículos y descubrirá las características de Dios nuestro Padre
Retroalimentación	¿Qué aprende sobre: El Amor del Padre, Su Provisión, Disciplina y Protección? Debata	Grupos pequeños
Retroalimentación	Cada grupo pequeño enseñará al otro grupo la aplicación de sus descubrimientos	Grupos pequeños

Lección 5b – Dios es el Padre Celestial

Cada aprendiz será capaz de:
- Identificar las 4 características de Dios Padre.
- Dar un versículo clave por cada característica.

Jesús enseñó a sus discípulos a decir, "Nuestro Padre que estás en el cielo." La Biblia nos enseña que Dios es nuestro Padre. Él ama, protege, provee, y disciplina a Sus hijos.

1. El Amor del Padre Celestial

Jehovah me ha aparecido desde hace mucho tiempo, diciendo: "Con amor eterno te he amado; por tanto, te he prolongado mi misericordia." *(Jer. 31:3; Ro. 5:8; Juan 3:16)*

¿Por qué Dios le salvó?
- ¿Porque Ud. es muy malo?
- ¿Porque Ud. primero le amó?
- ¿Porque Ud. tiene buena suerte?
- ¿Porque Ud. es tan bueno?
  - ○ ¡Ninguna de estas respuestas son correctas!

La Biblia dice: "Pero Dios, quien es rico en misericordia, a causa de su gran amor con que nos amó, aun estando nosotros muertos en delitos." (Ef. 2:4-5)

¿De qué manera le muestra Dios Su amor? Por favor escriba un ejemplo abajo.

_____

_____

Escriba y memorice (*1 Juan 3:1*) _____

_____

En *Lucas 15:11-14,* Jesús habla cómo un padre amó a su hijo.

¿Qué similitudes hay entre este padre y Dios nuestro Padre?

_____

_____

2. La Protección del Padre Celestial

"Pero fiel es el Señor, que os establecerá y os _____ del mal." (*2 Ts. 3:3*)

En el Salmo 34:7, ¿qué promete Dios?

_____

¿Cómo protegió Dios a Elías? (*2 R. 6:15-18*)

_____

¿Cómo protegió Dios a los 3 amigos de Daniel? (*Dn. 3*)

_____

¿Cómo le protege Dios cuando enfrenta la tentación? (*1 Co. 10:13*) _____

3. La Provisión del Padre Celestial

"Mi Dios, pues, _____ _____ _____ _____, conforme a sus riquezas en gloria en Cristo Jesús." (*Fil. 4:19*)

¿Por qué no deben preocuparse los hijos de Dios? (*Mt. 6:31-32*)

_____

_____

¿Qué regalo ha dado Dios a Sus hijos para demostrar que Él está dispuesto a suplir nuestras necesidades? (*Ro. 8:32*)

_____

4. La Disciplina del Padre Celestial

"Porque el Señor _____ al que ama y castiga a todo el que recibe como hijo." (*He. 12:6-7*)

¿Cuáles son las expectativas de Dios para Sus hijos? (*Ef. 4:13*)

_____

_____

¿Cómo disciplina Dios a Sus hijos?
* A través de los amigos: (*Pr. 27:17*)
* A través de la Biblia: (*2 Ti. 3:16*)
* A través de las pruebas: (*Santiago 1:2-4*)

¿Cuál aspecto de Dios es más significativo para usted?
* Su amor y bondad.
* Su provisión para sus necesidades.
* Su disciplina.
* Su protección.

Pasos de acción para esta semana:
* **Cuente a 5 personas más acerca de su Padre Celestial y de Su amor en esta semana.**
* **Anime a las personas que ha guiado a Cristo que también cuenten a otros acerca del amor de Dios.**

Para más estudio esta semana:
Adore a Dios y medite en Él. ¡Enfóquese en los diferentes aspectos de Su Grandeza!

- Dele gracias por las bendiciones del pasado, presentes y futuras.
- ¡Alabe a Dios por quién es Él! (Atributos y Nombres)
- Alábelo y adórelo libremente.
- Pida a Dios que examine sus pensamientos, actitudes, palabras y relaciones. Confiese todos los pecados y asegúrese de abandonar todos los pecados que Dios le revele.
- Ore por el desarrollo de carácter y santidad. Ore por el ministerio y servicio a Dios. Reflexione y ore mediante las Escrituras. ¿Qué le dice Dios? ¿Qué debe hacer en respuesta y obediencia?

¡A medida que emprenda su semana comparta con alguien de su lista uno de los aspectos de Dios que es más significativo para usted!

Semana 6
Plan de Lección del Maestro y Guía # 6ª

Acción	Contenido	Método
Introducción	Por qué necesitamos auto alimentarnos	Maestro
Demostración	Cómo dividir el papel en 3 Títulos	Demostración del Maestro
	Lea el pasaje de la Escritura (Lucas 8:22-25) ¿Qué dice?	Reflexión individual
	¿Qué significa?	Discusión en grupo pequeño
	¿Qué debo hacer?	Discusión en grupo grande
Identificación	Dé a cada grupo uno de los pasajes de los 7 mandatos de Cristo (Abajo).	Discusión en grupo pequeño
Dar informe	Cada uno informa sobre su mandato	Retroalimentación en grupo pequeño
Realización	7 mandatos de Cristo con acciones	Acciones. El maestro guía, y el grupo sigue y repite
Retroalimentación	Cada grupo pequeño (o individuo) realiza 1 mandato que se le pida hasta que todos los estudiantes /grupos hayan hecho los 7	Repetición para ver que el concepto haya sido aprendido

Lección 6 – Auto alimentación

Cada aprendiz será capaz de:
* Mencionar la necesidad de la auto alimentación.
* Identificar los 7 mandatos de Cristo en la Escritura.
* Demostrar los 7 mandatos de Cristo con acciones.

Tiempo recomendado para esta sesión: 90 minutos divididos como sigue:
* 15 minutos para el culto (sin devocional).
* 10 minutos para la revisión de tareas anteriores.
* 40 minutos para la enseñanza
* 25 minutos para la revisión

Un recién nacido debe ser alimentado por su madre; pero debe aprender a alimentarse a sí mismo cuando sea mayor. Un cristiano recién nacido debe ser enseñado y alimentado pero debe aprender a alimentarse a sí mismo. La mejor manera es aprender a confiar y a obedecer la Palabra de Dios. Esto significa que necesitamos pedir al Espíritu Santo que nos guíe cuando leemos la Escritura. Algunas veces las personas creen que la lectura de la Escritura es sólo para el pastor capacitado. Esto no es cierto. Cada creyente puede estar en condición de leer la Escritura y alimentarse a sí mismo. Lo siguiente es un método simple pero muy efectivo.

1. Escoja un pasaje de la Escritura.
2. Ore pidiendo guía y lea todo el pasaje 2-3 veces.
3. Divida una página en blanco en 3 columnas.
4. En la primera columna anote: **¿Qué dice el pasaje?** (Luego escriba el pasaje en sus propias palabras).
5. En la segunda columna anote: **¿Qué significa?** (Luego escriba lo que cree que significa el pasaje).

6. En la tercera columna anote: **¿Qué debo hacer?** (Elabore de 3 a 5 declaraciones con "debo").

Aplicación:

Jesús nos enseñó a hacer muchas cosas.

Lea los siguientes pasajes y explique qué dijo Jesús que debemos hacer. Debo:

Marcos 1:15 _____

Mt. 28:19-20 _____

Mt. 6:5-15 _____

Mt. 22:37-39 _____

Lucas 6:36 _____

Lucas 10:25-37 _____

Lucas 22:14-20 _____

Siga estas instrucciones para poner acciones a las declaraciones "debo":

- Arrepentirse y creer – salga, y entonces haga un retorno en U regresando hacia ellos.
- Bautizarse – dos manos juntas agarradas de un lado y luego bajando en el agua.
- Orar – manos en señal típica de oración.
- Hacer discípulos – ambas manos avanzando lentamente en el aire como una araña.
- Amar uno al otro – manos cruzadas sobre su corazón.

- <u>Cena del Señor</u> – dos manos una al lado de la otra como sujetando pan y luego partirlo.
- <u>Dar</u> – manos extendidas hacia otros.

Conclusión:
Propagando el Evangelio

¡Usted ahora es un cristiano! Un hijo de Dios y un miembro de Su familia. Tiene la seguridad de la salvación. Puede orar directamente a Dios, tiene comunión y tiempo devocional con Él en cualquier momento. Es un miembro de Su iglesia, un pueblo bendecido. Ahora lo más importante es que Dios le llame a propagar el Evangelio y a enseñar a otros a obedecerle en cada aspecto, y que aquellos a quienes enseña también continúen enseñando las buenas noticias de salvación aún a más personas. (2 Timoteo 2:2)

Recuerde, hay cuatro tipos de llamados para compartir el Evangelio:

1. **El llamado desde el cielo: el mandato del Señor Jesús.**

   *(Marcos 16:15)*_____

   _____

2. **El llamado desde el infierno: la petición del hombre rico para compartir el Evangelio con su familia.**

   *(Lucas 16:27-28)*_____

   _____

3. **El llamado desde adentro: Pablo sentía la obligación de propagar el Evangelio.**

   (2 Co. 5:14-15, 18-20) _____

   _____

4. **El llamado desde afuera: Pablo oyó el llamado de Macedonia para venir.**

   *(Hechos 16:9)*_____

   _____

Hoy en día cada cristiano debería escuchar los llamados en su vida y debería responder inmediatamente.

No sólo deberíamos guiar a las personas a convertirse en seguidores de Cristo, sino también a convertirse en un "entrenador" exitoso que entrena a otros. ¡Un Discípulo que hace Discípulos! De este modo usted puede propagar rápidamente el Evangelio. (*2 Tim. 2:2*)

¡El deseo de Dios es que cada cristiano comparta el Evangelio, comenzando con aquellos más cercanos y continuando hasta el fin del mundo! ¡Él también guiará a muchos a iniciar su nueva y propia iglesia/grupo pequeño! (*Hechos 2:46-47*)

Usted debería responder inmediatamente a Dios y orar por el cuerpo de Cristo. Su vida será una bendición para Dios y otros:
- Guiando a las personas a creer en el Señor.
- Iniciando nuevas iglesias/grupos pequeños (en su casa propia o cualquier lugar).
- Entrenando a entrenadores.

Considere piadosamente cómo ha trabajado Dios en su vida en las últimas 6 semanas y lo que Él le está guiando a hacer en el futuro. ¿Cómo debe cambiar su vida? ¿Qué va a necesitar hacer para que ocurra?

Para aquellos que están listos a tomar el siguiente paso en iniciar una nueva iglesia/grupo pequeño, ahora recurrimos a una guía práctica para ayudarle en ese proceso. ¡Oramos que el Señor le bendiga en esta jornada que dura toda la vida de Discípulos haciendo Discípulos!

------ Fin de la Sección #1------

----- Sección 2 -----
¡Ahora está listo para seguir avanzando hacia una guía práctica sobre plantación de iglesia/grupo pequeño! Este material se llama El Instituto Josué.

Como preparación al currículo de los diez libros de LIT queremos proveerle de un modelo para la plantación de iglesia. Ésta es una herramienta maravillosa con la misma visión de ver iglesias plantadas multiplicadoras y reproductoras a través del mundo. Los escritores del Instituto Josué han dado permiso a LIT para usar sus materiales con el propósito de expandir el Reino a través de la plantación de iglesia.

Este material del Instituto Josué es un intento para ayudar a aquellos que tienen la pasión de plantar iglesias para comprender la tarea de la gran comisión y desarrollar una estrategia clara y reproducible para lograr lo propio.

La meta es proveer una guía para desarrollar una estrategia de plantación de iglesia para su campo escogido, y que sea simple y fácilmente reproducible en cualquier cultura en cualquier parte del mundo, incluyendo el Occidente.

El resultado esperado de esta sección es que USTED tendrá una visión más clara para su campo escogido; y un claro plan de acción libre de obstáculos para ver la visión cumplida. Si bien es cierto que las sugerencias para cada uno de los pasos han sido dados basados en la experiencia del escritor, nosotros sentimos que Dios ha dado diferentes estrategias para lograr las metas. Sin embargo, sentimos que este material le ayudará a los plantadores de iglesia a evaluar diferentes estrategias y ver si hay algo mejor que puedan hacer en sus establecimientos.

Antes de que comience a entrenarse en el currículo de LIT debería demostrar que está dispuesto y es capaz de plantar una iglesia. También, recomendamos que reclute a otros 2 que están comprometidos a hacer lo mismo con usted como su mentor y entrenador. Se proveerá más detalles sobre esto...

Semana 7
Algunas Preguntas Básicas sobre Plantación de Iglesia

Existen esencialmente cinco preguntas que necesitamos contestar antes de continuar en el intento de desarrollar una estrategia de plantación de iglesia. Estas preguntas esenciales deberían discutirse en grupos al iniciar este programa de entrenamiento.

La meta de esta lección es encontrar respuestas a las siguientes preguntas. Discuta estas preguntas en grupos antes de ir más allá en la lectura:

1. ¿Por qué deberíamos plantar iglesias?
2. ¿Dónde deberíamos plantar iglesias?
3. ¿Quién puede plantar iglesias?
4. ¿Qué tipo de iglesias deberíamos plantar?
5. ¿Cómo deberíamos plantar iglesias?

VERSÍCULOS CLAVES:

MATEO 28:18-20, MATEO 16:18, ROMANOS 15:20

1. ¿Por qué deberíamos plantar iglesias?

Necesitamos plantar iglesias porque es la mejor manera de poder hacer discípulos. Jesús lo sabía, y los apóstoles lo practicaron. El mandato de la gran comisión requiere que plantemos iglesias. Ésta es la mejor forma para cumplir con la tarea de la gran comisión. La meta final de la gran comisión es hacer discípulos que obedezcan todo lo que El Señor ha mandado, y enseñar a otros a hacer lo mismo.

Ahora, ¿cómo hacemos discípulos?

Yendo y predicando el evangelio de Jesús, bautizándolos, y enseñándoles a obedecer.

¿Dónde podemos hacer esto que no sea en el contexto de una iglesia?
La iglesia puede ser llamada la 'fábrica' que produce discípulos. El bautismo se considera como el paso inicial para reclutar personas en su iglesia. Una vez que una persona haya hecho una decisión personal de seguir a Jesús como su Salvador y Señor, está listo para convertirse en un discípulo que hace discípulos. Jesús dijo, "Yo edificaré mi iglesia."

Ahora, ¿qué es una iglesia? ¿Cómo definimos una iglesia? En los tiempos de Jesús, 'ekklesia' fue un término familiar. Era donde el rey se reunía con su concejo de ministros o ancianos. Ellos recibirían sus instrucciones durante estas reuniones y asambleas. La palabra griega 'ekklesia' se traduce mejor como "asamblea" o "congregación". Una iglesia no es un edificio, como dirían la mayoría de las personas.

En términos simples LIT define una iglesia como, "Un grupo de creyentes bajo la autoridad de un liderazgo bíblicamente calificado, quienes se reúnen regularmente, para adorar al Padre, estudiar y comunicar la Palabra de Dios en el poder del Espíritu Santo, orar y tener comunión juntos, observar las ordenanzas, y salir a compartir del amor de Cristo al mundo perdido."

Discutiremos más adelante las funciones de la iglesia en posteriores capítulos. C. Peter Wagner dice, "Plantar nuevas iglesias es la metodología evangelística más efectiva conocida bajo el cielo."

Los apóstoles fueron a las ciudades estratégicas, predicaron el evangelio, plantaron iglesias, y designaron líderes (ancianos) en cada iglesia. Éste es el ejemplo de los padres fundadores de la iglesia.

2. ¿Dónde deberíamos plantar iglesias?

Ésta es una pregunta principal que usted tiene que formularse cuando piensa acerca de plantar una nueva iglesia. A continuación hay algunos principios básicos que pueden servirle como una guía.

1. **Plante iglesias donde no haya iglesias.**
2. **Plante iglesias en una comunidad específica donde no haya iglesias efectivas.**

¿Hay un lugar en su pueblo, barrio, ciudad, provincia, distrito, estado, país donde no hay iglesias?

Uno de los principios que guiaron al Apóstol Pablo fue Romanos 15:20 (Romanos 15:20 principio), y es muy claro. *"De esta manera he procurado predicar el evangelio donde Cristo no era nombrado, para no edificar sobre fundamento ajeno."* Necesitamos plantar iglesias donde no hay ninguna. Ahora usted puede decir, "Bien, ya hay muchas iglesias en mi ciudad." Alabe al Señor por su ciudad, pero necesitamos mirar más allá a la luz de la gran comisión. ¿Hay un área geográfica, una ciudad, un pueblo, una calle en la ciudad, o un barrio/pueblo en los alrededores que no tenga una iglesia? Si es así, eso debería llegar a ser la prioridad para la plantación de iglesia.

¿Hay una comunidad específica que no tiene una iglesia?

¿Hay un grupo de personas en particular que no está siendo alcanzado eficazmente en su ciudad, pueblo, provincia? ¿Hay un grupo lingüístico que no tiene una iglesia? ¿Hay un sector particular de la sociedad que necesita ser alcanzado? Por ejemplo: Hombres de negocios, profesionales del área de la tecnología e información, trabajadores médicos, abogados, taxistas, jornaleros, trabajadores sexuales, cualquier grupo religioso, etc.

Si ya hay iglesias en su área, ¿qué clase de iglesias son? Quizá pueden haber iglesias en su ciudad /lugar, pero ¿Son iglesias que testifican? ¿Son iglesias que hacen discípulos? ¿Están reproduciendo iglesias? Si no, hay todavía un rol para nuevas iglesias en su lugar. Sin embargo, reflexione sobre las preguntas anteriores antes de que considere seriamente invertir su tiempo, energía, y recursos para plantar iglesias donde ya hay una iglesia.

Escoja un campo para sembrar y cosechar, pero no escoja el campo de otro para recoger una cosecha.

3. ¿Quién puede y debería plantar iglesias?

Para contestar esta pregunta, nos gustaría que usted intentara contestarla primero. ¿Quién plantó la iglesia de Antioquía? ¿Fue Pablo, Pedro, o Bernabé? La respuesta es ninguno de ellos. Fueron los creyentes dispersos de Jerusalén quienes fueron tan vibrantes que iniciaron comunidades de creyentes dondequiera que ellos fueron. (Vaya a Hechos 11:19-21).

Cada miembro de la iglesia tiene el potencial para plantar una nueva iglesia.

Así es cómo necesitamos mirar a cada nuevo creyente en lugar de pedirle que venga y se siente en una iglesia. Muchos creyentes preciosos están desperdiciando sus talentos, dones, y energías con muy pocos resultados en el Reino.

En la iglesia del Nuevo Testamento, el ideal era que cada creyente sea un cristiano activo con el ADN de auto-multiplicación. A veces decimos que fueron una "Iglesia Estrella de mar" Si una estrella de mar es cortada en cinco pedazos, se convertirá en cinco estrellas de mar, a diferencia de una 'Iglesia Pulpo,' donde si un tentáculo le es recortado, se convertirá en un Pulpo sin un tentáculo para el resto de su vida, y el tentáculo será sólo un tentáculo muerto y en descomposición. En otras palabras, cada discípulo obediente y verdadero de Jesús tiene el potencial de llegar a ser un plantador de iglesia auto-multiplicador.

Lo que continúa es un eslogan utilizado en los movimientos de plantación de iglesia asiática:

Cada creyente un discípulo. Cada discípulo un hacedor de discípulo. Cada hogar de discípulo una iglesia en potencia. Cada iglesia un centro de entrenamiento.

Si usted tiene un creyente en un pueblo o barrio, su casa podría ser el lugar para iniciar una nueva iglesia, para que sus Amigos, Parientes, Socios y Vecinos puedan venir fácilmente y relacionarse con esa iglesia /casa.

Cada iglesia saludable debería estar plantando nuevas iglesias para permanecer saludable. Esto es un reflejo del ADN de la iglesia.

4. ¿Qué modelos de iglesia deberíamos plantar?

Dios tiene diferentes maneras de hacer las cosas, y diferentes personas tienen diferentes gustos, preferencias, y cosas que les disgustan. Deberíamos respetar todos los modelos de iglesias con sus ventajas y desventajas. El resultado es más importante que el modelo que usted escoja. Sin embargo, cuando pensamos sobre la plantación de nuevas iglesias, necesitamos preguntarnos si las iglesias que plantamos serán reproducibles. ¿Tendrá el ADN de multiplicación? Piense sobre la analogía de un elefante y un conejo. ¿Cuánto tiempo tomará reproducirse y plantar una iglesia hija?

5. ¿Cómo plantamos iglesias?

¿Cómo plantamos iglesias que sean lo suficientemente simples para reproducirse y aún crecer en vitalidad y madurez?

El propósito de este material es ayudarle a diseñar una estrategia para plantar iglesias reproducibles en sus campos escogidos que sean simples, efectivas, fuertes, y hacedoras de discípulos. Comience a reflexionar sobre cómo desarrollar su propia estrategia en la plantación de iglesias en su campo escogido.

Mantengámonos pensando en eso cuando avanzamos en esta escuela de plantación de iglesia.

Pasos de acción: Por favor escriba en sus propias palabras, respuestas breves para las cinco preguntas discutidas anteriormente. Utilice hojas adicionales según la necesidad. También dé una copia a su mentor.

1. ¿Por qué deberíamos plantar iglesias?
2. ¿Dónde deberíamos plantar iglesias?
3. ¿Quién puede plantar iglesias?
4. ¿Qué tipo de iglesias deberíamos plantar?
5. ¿Cómo deberíamos plantar iglesias? (Escriba abajo sus pensamientos, y los revisaremos después de que completemos el estudio).

Semana 8

"Cuatro Campos de Plantación de Iglesia y Plantadores de Iglesia Visionarios"

La meta de esta sección debe ayudarnos a entender el concepto cuatro campos de plantación de iglesia, y comprender el rol de un Plantador de Iglesia Visionario (PIV)

- Definir a un Plantador de Iglesia Visionario
- Explicar el rol de un PIV
- Metáforas para describir a un PIV
- Las cualidades de un PIV
- Las responsabilidades de un PIV

LOS VERSÍCULOS CLAVES: MARCOS 4:26-29 (Lea y discuta la historia).
"Así es el reino de Dios, como cuando un hombre echa semilla en la tierra. Él duerme de noche y se levanta de día, y la semilla brota y crece sin que él sepa cómo. Porque de por sí la tierra da fruto: primero el tallito, luego las espigas y después el grano

Los cuatro campos de plantación de iglesia
Marcos 4:26-29

60

lleno en la espiga. Y cuando el fruto se ha producido, en seguida él mete la hoz, porque la siega ha llegado."
En esta sección estudiaremos el concepto de los Cuatro Campos de plantación de iglesia y el rol de un Plantador de Iglesia Visionario, su definición, sus cualidades, y sus responsabilidades. Aquí un plantador de iglesia es comparado a un agricultor diligente.

Un agricultor comprende lo que es la reproducción. Su sustento depende de multiplicar la productividad cuando se recoge cada nueva cosecha. Lo que un agricultor siembra, intenta cosechar. Sus trabajos están motivados por la visión de la cosecha venidera. Por esta razón, él está comprometido desde el principio a cosechar lo que ha sembrado.

Jesús utilizó la metáfora de la agricultura muchas veces en la Escritura para describir el crecimiento del reino.

El concepto de los Cuatro Campos de plantación de iglesia:

Lea el siguiente pasaje de la Escritura y discútalo en grupos pequeños. Discuta las formas en que usted puede comparar la plantación de iglesia con la agricultura.

"Así es el reino de Dios, como cuando un hombre echa semilla en la tierra. Él duerme de noche y se levanta de día, y la semilla brota y crece sin que él sepa cómo. Porque de por sí la tierra da fruto: primero el tallito, luego las espigas y después el grano lleno en la espiga. Y cuando el fruto se ha producido, en seguida él mete la hoz, porque la siega ha llegado."

La Plantación de Iglesia: La analogía de la agricultura (Marcos 4:26-29)

Cuando analizamos esta parábola, sobresalen varias cosas esenciales. Considere línea por línea, qué se necesita para iniciar un nuevo trabajo. Primero, un agricultor debería tener un campo bien definido y escogido como el objetivo de su agricultura. Él no sembrará sus semillas donde no tenga la intención de cosechar. El campo se parece a un campo vacío, pero él tiene una visión para su campo escogido. Con los ojos de fe, él ingresa al campo; día y noche trabajará duro y preparará el terreno. Llevará las semillas y las esparcirá, y próximamente con el tiempo verá brotar las semillas. Las cuidará hasta que vea su campo completamente maduro y tenga una enorme cosecha. Esa cosecha es su inspiración para todo el arduo trabajo que va a poner en su campo.

Un agricultor diligente y visionario considerará estas preguntas antes de comenzar. ¿Qué es lo que se necesita para ver una enorme cosecha en mi campo? Mire este proceso cuidadosamente. El agricultor:

- Paso 1. Selecciona un campo para sembrar, define claramente los límites y decide qué tipo de cultivo debería cultivar.
- Paso 2. Prepara el campo para sembrar.
- Paso 3. Selecciona las mejores semillas.
- Paso 4. Moviliza a los sembradores.
- Paso 5. Esparce las semillas.
- Paso 6. Cuida de los brotes.
- Paso 7. Moviliza a los obreros para la cosecha.
- Paso 8. Pone la hoz al suelo y recoge la cosecha.
- Paso 9. Almacena en el granero.
- Paso 10. Selecciona las mejores semillas para la resiembra.

Ahora comparemos a un agricultor tan diligente y visionario con un plantador de iglesia. Llamaremos a tal persona un **Plantador de Iglesia Visionario.**

¿Cuáles son las responsabilidades de un Plantador de Iglesia Visionario basado en esta metáfora?

Marcos 4:26: "Así es el reino de Dios, como cuando un hombre echa semilla en la tierra." En este versículo podemos ver las áreas de responsabilidad del PIV.

1. **Conocer el suelo** – Los corazones de los perdidos en el cual se lanza la semilla.

Es esencial para el PIV conocer la audiencia. El suelo está a todo nuestro alrededor. Por donde miremos, podemos ver a los perdidos. Considere estas preguntas concernientes al suelo:

1. ¿Quién es mi audiencia?
2. ¿Cómo procesan la información las personas identificadas y cómo toman decisiones?
3. ¿Qué porcentaje de mis personas identificadas son alfabetizadas? ¿Cómo les presentaré el Evangelio?
4. ¿A cuántas casas estoy apuntando? ¿A cuántos pueblos/ciudades?
5. ¿A cuántos perdidos conozco personalmente?

2. **Movilice a los Sembradores** –Hombres y mujeres dispuestos a sembrar las semillas.

Los sembradores son el comienzo del plan de Dios. Considere las siguientes preguntas:

1. ¿Qué hace un sembrador?
2. ¿Quién está calificado para ser un sembrador?
3. ¿Cómo equipo a los sembradores para el trabajo del reino?
4. ¿Cuántos sembradores actualmente están trabajando en mi campo?
5. ¿Cómo puedo movilizar sembradores adicionales?

Responder a estas clases de preguntas revelará el verdadero potencial de su ministerio.

2 Corintios 9:6 siempre ha sido cierto. *"El que siembra escasamente cosechará escasamente, y el que siembra con generosidad también con generosidad cosechará."*

LA SIEMBRA ABUNDANTE CONDUCE A LA COSECHA ABUNDANTE

3. <u>Esparza la Semilla</u> – La Palabra de Dios lanzada desde la mano de los sembradores. Considere estas preguntas concernientes a su uso de la semilla de Dios (El mensaje del Evangelio) en la que nos enfocaremos durante este entrenamiento.

1. ¿Cuál es la semilla?
2. ¿Cuáles son los elementos esenciales de la semilla?
3. ¿Qué barreras existen que impiden a mi gente entender el mensaje del evangelio?
4. ¿Y cuáles son los puentes para superar estas barreras?
5. ¿Cómo debería esparcir la semilla?
6. ¿Qué medio tiene más probabilidad de dar fruto?

En la parábola de *Marcos 4*, Jesús dice; *Él duerme de noche y se levanta de día, y la semilla brota y crece sin que él sepa cómo. Porque de por sí la tierra da fruto: primero el tallito, luego las espigas y después el grano lleno en la espiga. Y cuando el fruto se ha producido, en seguida él mete la hoz, porque la siega ha llegado."*

Aquí podemos ver dos cosas más esenciales para el PIV.

4. <u>Asóciese con el Espíritu</u> – El Espíritu de Dios da el crecimiento.

1 Corintios 3:6 "Yo planté, Apolos regó; pero Dios dio el crecimiento."

Considere estas preguntas concernientes al involucramiento del Espíritu en su ministerio.

1. ¿Cuántas horas pasa usted escuchando a Dios?
2. ¿Cuándo fue la última vez que Dios reveló su plan en su vida?
3. ¿Cómo describiría su llamado de Dios?
4. ¿Cómo comprueba sus decisiones para asegurarse que sea la voluntad de Dios?
5. ¿Ha habido momentos en que confundió la voluntad de Dios en su ministerio?
6. ¿Está abierto a que Dios lo mueva a una nueva dirección en su vida?

5. Comprométase a la Estación – el compromiso para la cosecha.

Lo siguiente son preguntas que trataremos de contestar concerniente a la estación.
1. ¿Está usted comprometido con la cosecha?
2. ¿Cuánto tiempo pasa invirtiendo en el crecimiento de aquellos que vienen a Cristo?
3. ¿Es su máxima prioridad que el Evangelio se arraigue en las vidas de sus nuevos creyentes?
4. ¿Qué cosechas está dando seguimiento actualmente?
5. ¿Es la visión o meta final de su ministerio una gran cosecha de discípulos?

La definición de un Plantador de Iglesia Visionario (PIV)

Un plantador de iglesia visionario es un individuo comprometido con la visión de cumplir la tarea de la Gran Comisión, promoviendo una estrategia intencional de plantación de iglesias con la meta de ver un movimiento de plantación de iglesias en un campo específicamente adoptado.

Cuando consideramos esta definición, encontramos que:

El Plantador de Iglesia Visionario tiene un campo específicamente adoptado.

El enfoque y el compromiso son esenciales para cumplir la Gran Comisión. Adoptar un área o grupo de personas identificadas es sólo el comienzo para alcanzar las metas. **El seguimiento es un deber que a menudo se desvía por otras oportunidades.** El compromiso del PIV es ante Dios y debe verse como un compromiso a largo plazo hasta terminar la tarea. Éste podría ser un grupo étnico o un grupo de diferente idioma, podría ser un lugar geográfico tal como un distrito, o un sub-distrito o pueblo, ciudad o parte de lo misma, o podría ser una cuadra o un grupo de aldeas.

Un Plantador de Iglesia Visionario tiene una visión más grande que la de su iglesia. Desde el momento de escoger un campo vacío, él tiene una visión de lo que se verá cuando la tarea de la gran comisión se cumpla en su campo. No quedará satisfecho con sólo plantar una iglesia. Su visión es mucho más grande que su propia iglesia, sin embargo, su meta es cumplir la tarea de la gran comisión en su campo escogido. La pregunta que usted debe hacerse es, _ ¿Cuál es mi visión? ¿Cuán grande es mi visión? ¿Es una visión del tamaño de Dios?

El PIV tiene una estrategia intencional de plantación de iglesia.

Nosotros hemos visto que en el pasado, Dios ha usado planes simples y reproducibles para emprender movimientos efectivos de plantación de iglesia. Un Movimiento de Plantación de Iglesia es una multiplicación rápida de plantación de iglesias nativas, que alcanza a un grupo étnico o una sección de la población. Hay mucho más que podríamos añadir, pero esto capta la esencia.

¿Cuántas iglesias se necesitarán en mi campo escogido? ¿A cuántos creyentes debería apuntar? ¿A cuántos líderes debería entrenar? ¿Cómo haré esto?

Las metáforas para describir el rol del PIV.

El PIV es un facilitador - Un PIV efectivo identifica y coordina los recursos para multiplicar la cosecha. Él sabe que se requerirá más de sí mismo y su iglesia logrará la visión para su campo. Por lo tanto, él actúa como un catalizador en tales movimientos de plantación de iglesia. Él entrenará y motivará a otros a plantar iglesias y regocijarse incluso cuando los frutos no sean de su árbol.

El PIV como abuelo – La crianza de los niños es un arduo trabajo; pero ¡qué gratificante es verlos educar a sus propias familias! ¡La meta del PIV es ganar a los nietos y bisnietos espirituales! La medida del éxito es la multiplicación saludable.

El PIV como entrenador – Como entrenador, el PIV debería ayudar al plantador de iglesia a diseñar una estrategia simple y reproducible de plantación de iglesias, así como también desafiar, educar, y hacer responsable a su equipo por sus acciones y crecimiento.

DESARROLLA - Él debería desarrollar un equipo para trabajar en conjunto, a fin de lograr más de lo que podrían realizar individualmente.

DESCUBRE - Él debe descubrir los talentos de sus miembros de iglesia / plantador de iglesia /aprendiz, y asignar roles para su equipo.

DELEGA - Él debería delegar la responsabilidad. Debe confiar que su equipo cumplirá las tareas que se les asignó.

Las cualidades de un PIV

Por favor lea los siguientes versículos y responda; ¿Cuáles son la características de un líder que puede observar en estos versículos?

Llamado, Carácter, Competente (Salmo 78:70-72)

Cristo, Comunidad (Mateo 22:37-40)
Oremos juntos, —Señor, ayúdame a ser un Discípulo de Jesús enfocado en Cristo, con un Llamado, Carácter, y Capacidad, impactando y discipulado a la comunidad donde el Señor me ha puesto.

Introducción al Proceso de Plantación de Iglesia "7 E":

Habiendo entendido la necesidad de escoger un campo vacío bien definido para plantar una iglesia, necesitamos desarrollar una estrategia bien definida para cumplir la visión del campo vacío. Basados en la analogía de los Cuatro Campos, las siguientes lecciones se presentan y organizan como el proceso de plantación de iglesia **"7 E"**. Estudiaremos en detalle cada uno de estos **7 E** principios a medida que avancemos poco a poco.

1. Extrema Visión
2. Estrategia inicial
3. Evangelismo
4. Efectividad en el discipulado
5. Establecimiento de iglesias
6. Equipamiento de los líderes
7. Evaluación y responsabilidad mutua

AUTOEXAMEN:

1. Escriba los versículos claves aprendidos en esta lección. Memorícelos.

2. Defina un Plantador de Iglesia Visionario.

3. Compare el PIV con otras metáforas.

4. Resuma las responsabilidades del PIV

5. Como PIV, ¿cómo movilizará a los sembradores?

6. ¿Cuál es la semilla?

7. ¿Cuáles son las características de su audiencia en su campo adoptado? ¿Qué porcentaje es alfabetizado y qué porcentaje es analfabeto? ¿Cómo planea alcanzarlos?

8. ¿Cuánto tiempo pasa escuchando a Dios? ¿Cuándo fue la última vez que Dios le habló?

9. ¿Está comprometido para la cosecha? ¿Cómo mantiene un seguimiento del crecimiento en su campo adoptivo?

10. Basado en los Cuatro Campos, escriba brevemente los 7 pasos de plantación de iglesia que fueron mencionados anteriormente.

MIS COMPROMISOS Y PASOS DE ACCIÓN:

¿Qué debería hacer de manera diferente basándose en esta lección?

ENSEÑE A OTROS: a estudiar, obedecer y enseñar a sus discípulos (Esdras 7:10). Recomendamos que cada plantador de iglesia practique el siguiente principio basado en *2 Timoteo 2:2: Lo que oíste de parte mía mediante muchos testigos, esto encarga a hombres fieles que sean idóneos para enseñar también a otros.*

Semana 9

LA VISIÓN FINAL

El objetivo de esta lección es que los plantadores de iglesia puedan comprender:

- La tarea de la Gran Comisión
- ¿Cómo definimos el cumplimiento de la tarea de la Gran Comisión?
- ¿Cuál es la mejor manera de lograrlo?

VERSÍCULO CLAVE:

"Se me ha dado toda autoridad en el cielo y en la tierra. Por tanto, vayan y hagan discípulos de todas las naciones, bautizándolos en el nombre del Padre y del Hijo y del Espíritu Santo, enseñándoles a obedecer todo lo que les he mandado a ustedes. Y les aseguro que estaré con ustedes siempre, hasta el fin del mundo" Mt. 28:18-20 (NIV)

"Porque así como las aguas cubren los mares, así también se llenará la tierra del conocimiento de la gloria del Señor" (Hab. 2:14 NIV)

"Después de esto miré, y apareció una multitud tomada de todas las naciones, tribus, pueblos y lenguas; era tan grande que nadie podía contarla. Estaban de pie delante del trono y del Cordero, vestidos de túnicas blancas y con ramas de palma en la mano." Ap. 7:9 (NIV)

¿CUÁL ES LA VISIÓN FINAL DE DIOS PARA LA TIERRA /LA HUMANIDAD?

Una y otra vez, Dios ha estado comunicando Su visión a través de Sus siervos. Dos magníficos ejemplos son citados anteriormente de cómo Dios habló a través del Profeta Habacuc y el apóstol Juan.

71

Dios desea que todos le conozcan: personas de toda nación, tribu y lengua.

¿CUÁL FUE EL PLAN DE DIOS PARA LOGRAR SU VISIÓN FINAL?

Dios envió a Su único hijo, Jesús, a este mundo. Él escogió, entrenó, y mentoreó a 12 discípulos y luego les confió esta tarea a sus discípulos; vayan y hagan discípulos a todas las naciones.

Ahora es nuestro tiempo de cumplir con la visión de Dios. Necesitamos hacernos la pregunta, ¿cómo podemos cumplir la tarea de la Gran Comisión?

Pasión para cumplir la tarea: Lo que se requiere ante todo es la pasión o el deseo ardiente de hacer la voluntad de Dios. Jesús una vez dijo, "Mi alimento es hacer la voluntad del que me envió y terminar su obra." (Juan 4:34-35 NIV)

El Apóstol Pablo tuvo una pasión similar. Hechos 20:24 dice, "no estimo que mi vida sea de ningún valor ni preciosa para mí mismo, con tal que acabe mi carrera y el ministerio que recibí del Señor Jesús, para dar testimonio del evangelio de la gracia de Dios."

¿Es posible terminar la tarea? El Señor no les habría pedido a sus discípulos que hicieran algo que fuera imposible. Es posible, pero no por nuestra fuerza propia. Él que empezó la buena obra la completará. Antes de que comencemos a pensar cómo podremos terminar la tarea y cumplir con la visión final de Dios, necesitamos entender la tarea – La Gran Comisión. Hoy en día, el trabajo no se ha terminado, sin embargo, estamos más cerca que antes.

Cumplir la tarea de la Gran Comisión:
¡Puede hacerse! ¡Debe hacerse! ¡Se hará!

¿Cuál es la Tarea? Comprendiendo la Gran Comisión.

Para entender la tarea, deberíamos tener una comprensión profunda de la Gran Comisión. Cuando analizamos los siguientes pasajes de la Escrituras, encontramos ciertas palabras claves. Por favor lea los siguientes pasajes y note las palabras claves y discuta en grupos pequeños. Trate de memorizar estos versículos.

Versículos primarios de la Gran Comisión: Mateo 28:18-20, Marcos 16:15, Lucas 24:47, Juan 20:21, Hechos 1:8,

Versículos secundarios de la Gran Comisión: Mateo 24:14, Marcos 13:10, Lucas 8:1, 9:6, Apocalipsis 5:9, 7:9, Daniel 7:14.

¿Cuáles son las palabras claves en estos pasajes?
¿Cuál es el objetivo de la Gran Comisión? ¿Dónde debería ir?
¿Cuál es la meta de la Gran Comisión? ¿Cuál es el producto final?
¿Cómo podemos lograr la tarea de la Gran Comisión? ¿Qué debería hacer usted cuando va?

Éstas son algunas de las palabras claves: ID, DISCÍPULO, TODO, CADA, ENSEÑAR, NACIONES, MUNDO, JERUSALÉN, HASTA LO ÚLTIMO DE LA TIERRA, RAZA, LENGUA, PUEBLO, NACIÓN.

Nuestra respuesta hacia la Gran Comisión: El compromiso a obedecer
El primer paso es nuestro compromiso a obedecer la Gran Comisión. Es especial porque fue el último mandato que Jesús dio antes de Su ascensión al cielo. Si usted está listo a obedecer, entonces el primer paso es IR. El siguiente paso es considerar ¿DÓNDE debería ir y QUÉ debería hacer cuando va?

¿Dónde deberíamos ir? ¿Quiénes son nuestros destinatarios?

Respuesta: Todas las personas en cada grupo étnico, grupo lingüístico, área urbana y pueblo.

Grupo étnico
Grupo lingüístico
Áreas urbanas
Pueblos geográficos

Cuando se cumple la tarea de la Gran Comisión, cada grupo étnico, cada grupo lingüístico, cada ciudad o pueblo, será eficazmente evangelizado y discipulado. Cuando esto ocurre, habrá congregaciones de creyentes, que es la Iglesia, en todo lugar. Esta es la visión final o la meta de la Gran Comisión.

Grupo étnico: Por grupo étnico, nos referimos de manera distintiva a cada tribu homogénea, casta, o grupo de personas con el mismo contexto cultural y étnico, y a menudo el mismo lenguaje. Una definición práctica es – el límite dentro del cual ocurren las relaciones maritales.

Ahora surge la pregunta, ¿por qué grupos étnicos? Bien, Mateo 28:19 dice, "haced discípulos a todas las naciones." La palabra nación se usa en la Biblia para referirse a los grupos étnicos en lugar de las naciones geopolíticas como las entendemos normalmente.

Existen aproximadamente 12,000 grupos étnicos en el mundo. Para propósitos estratégicos, un grupo étnico es el grupo más grande, a través del cual el evangelio puede fluir sin encontrar barreras significativas de comprensión y aceptación. Los grupos étnicos pueden estar más divididos en tres subcategorías, dependiendo del porcentaje de trabajo hecho entre ellos.

Grupo étnico alcanzado
Decir que un Grupo étnico es "alcanzado" significa que al menos el 2% de la población son cristianos evangélicos. Se cree que todos los recursos para alcanzar los otros 98% se pueden encontrar en este 2%. A nivel mundial, 6,000 grupos étnicos son categorizados como alcanzados.

Grupo étnico no-alcanzado
Al decir que un grupo étnico no es alcanzado, significa que el número total de cristianos evangélicos dentro del grupo es menor al 2%. A nivel mundial, existen 6,000 grupos étnicos no-alcanzados. Se cree que estas personas no tienen los recursos dentro del cuerpo cristiano existente para alcanzar al resto de su propia gente.

Grupo étnico no-alcanzado y no-abordado
Decir que un grupo étnico no es alcanzado y no-abordado, significa que el número total de cristianos evangélicos es menor al 2% y que no hay entidad o individuo conocido que esté buscando alcanzarles con una estrategia reproducible de plantación de iglesia. A nivel mundial, el número de este grupo se considera que está cerca de los 3,000 (finishingthetask.com).

Grupo de lingüístico:
Cuando se cumple la tarea de la Gran Comisión, las personas de cada lengua estarán adorando al Señor en el cielo (Daniel 7:14, Ap. 5:9, 7:9). El trabajo de misión de la iglesia requiere al menos de cuatro actividades: evangelizar (Mr. 16:15), plantar iglesias (Mt. 28:18), enseñar (Lucas 24:47), y enviar (Jn. 20:21). Ciertamente cada una de estas actividades pueden ser efectuadas utilizando cualquier lenguaje y medio de comunicación, tal como escrito, oral, y audiovisual. También es muy importante que comuniquemos el evangelio y enseñemos la Palabra de Dios en el lenguaje del corazón de las personas. Sólo entonces la Palabra llega a ser completamente efectiva y poderosa. Por ahora, existen 6909 lenguajes, de los cuáles 2252 no tienen porciones de las Escrituras. Daniel 7:14 dice, "Todos los pueblos, naciones y lenguas le servían." ¿Cómo puede cumplirse esto? Necesitamos identificar a estos grupos de lenguaje en nuestro país, plantar iglesias, y producir todas las herramientas necesarias de la Escritura para discipularlos.

Área urbana:
Jesús fue a todas las ciudades y pueblos, y predicó el evangelio, dándonos un modelo a seguir para la estrategia de misión de hoy (Lucas 8:1). El modelo paulino de plantación de iglesia fue ir a las ciudades estratégicas, evangelizar, plantar iglesias, designar a los ancianos, y volver a visitar de manera ocasional para motivar y fortalecer a los creyentes e iglesias. Aunque ambas estrategias tanto urbanas como rurales pueden ser consideradas estrategias geográficas, hemos tratado de hacer de la Urbana una clase aparte, puesto que las necesidades y desafíos son diferentes de los contextos rurales.

Pueblos:
Una de las metas de la Gran Comisión es alcanzar y establecer una congregación de creyentes en cada aldea. En Romanos 15:17-21, leemos la estrategia de Pablo, *"desde Jerusalén hasta los alrededores del Ilírico lo he llenado todo con el evangelio de Cristo."* Esto significa que él había cubierto sistemáticamente cada lugar y cada pueblo en medio de estas dos ciudades.

Tome aquí una pausa y escoja piadosamente un campo bien definido para su ministerio. El tamaño de su visión debería ser más grande que simplemente su iglesia o su denominación. Éste podría ser un pueblo, una ciudad, una parte de una ciudad, una cuadra, un grupo de pueblos, un grupo étnico, un grupo lingüístico, un distrito, o un estado.

Ahora la siguiente gran pregunta que viene es –

¿Cómo se verá mi campo escogido cuando termine la tarea? A esto se llama la "Visión Final."

Cuando usamos el término visión final, estamos refiriéndonos al pleno cumplimiento de la voluntad de Dios. El Señor no desea que nadie se pierda. (2 Pedro 3:9) – "El Señor no tarda su promesa, como algunos la tienen por tardanza; más bien, es paciente para con vosotros, porque no quiere que nadie se pierda, sino que todos procedan al arrepentimiento."

Hipotéticamente, si todas las personas de su campo escogido llegan a ser creyentes…

- ¿Cuántos creyentes habrá?
- ¿Cuántas iglesias se necesitarán? (Por ejemplo, una iglesia tiene 25 personas como promedio)
- ¿Cuántos plantadores de iglesia /hacedores de discípulo se necesitará?
- Considere lo que va a necesitar para cumplir el plan de Dios en su campo adoptado. Hagamos algunos cálculos.

AUTOEXAMEN
1. Escriba de memoria algunos de los versículos claves.
2. ¿Por qué deberíamos establecer contacto con cada grupo étnico?
3. ¿Por qué es necesario establecer contacto con cada grupo lingüístico?
4. ¿Por qué deberíamos establecer contacto con cada ciudad y pueblo?
5. ¿Cuál es la mejor forma, más rápida, y más simple para plantar iglesias?
6. Como PIV, ¿por qué debería hacer cálculos para su distrito?

Pasos de acción:

Considere: ¿Qué va a necesitar para alcanzar a su gente?

Nombre del Grupo Étnico/Ciudad/Distrito/Barrio: _____

Lugar: _____

Población: _____

Número de pueblos/Barrios: _____
(El número real de los pueblos o la población fraccionada por 1000 para conseguir una cifra aproximada)

Número de Iglesias Requeridas: _____
(Población fraccionada por 1000)

Número de Hacedores de discípulos/plantadores de iglesia requeridos: _____

PASO DOS
Considere: Lo que va a necesitar para alcanzar específicamente el 10% de su gente

Nombre de las Personas/Ciudad/Cuadra: _____

Lugar: _____

El 10% de la Población: _____

¿Cuándo espera que esto ocurra? _____

Número de Iglesias Requeridas: _____
(Divida el 10% de la población entre 100 asumiendo tener 100 personas por iglesia) Usted puede escoger un objetivo diferente para su iglesia.

Número de Hacedores de discípulos/plantadores de iglesia requeridos: _____
(Multiplique el número de iglesias dos veces basado en el modelo de Lucas 10)

Semana 10

ESTRATEGIA DE ENTRADA

- Desarrolle entendimiento y aplicación del ejemplo de Jesús para entrar en nuevos campos.
- Compare y contraste estrategias contemporáneas con el ejemplo de Jesús.
- Aplicación personal de la instrucción de Jesús para el ingreso.
- Aplicación de herramientas simples y reproducibles para ingresar al nuevo campo.

VERSÍCULOS CLAVES: Considere este pasaje – Lucas 10:1-11

Después de estas cosas, el Señor designó a otros setenta, a los cuales envió delante de sí de dos en dos, a toda ciudad y lugar a donde él había de ir. Y les decía: "A la verdad, la mies es mucha, pero los obreros son pocos. Rogad, pues, al Señor de la mies, que envíe obreros a su mies. ¡Id! He aquí yo os envío como corderos en medio de lobos. No llevéis bolsa, ni alforjas, ni calzado; ni saludéis a nadie por el camino. "En cualquier casa donde entréis, primeramente decid: 'Paz sea a esta casa.' Si hay allí un hijo de paz, vuestra paz reposará sobre él; pero si no, volverá a vosotros. Posad en aquella misma casa, comiendo y bebiendo lo que os den; porque el obrero es digno de su salario. No andéis de casa en casa. En cualquier ciudad donde entréis y os reciban, comed lo que os pongan delante. Sanad a los enfermos que haya allí y decidles: 'El reino de Dios se ha acercado a vosotros.' "Pero en cualquier ciudad donde entréis y no os reciban, salid a sus calles y decid: 'Aun el polvo de vuestra ciudad que se ha pegado a nuestros pies, lo sacudimos contra vosotros. Pero sabed esto: que el reino de Dios se ha acercado.'

¿"Cómo ingreso a un nuevo campo"?

Su campo escogido ahora es un campo vacío, por lo tanto necesitamos pensar en una estrategia de entrada para un campo vacío. Lo primero que un agricultor diligente hará antes de comenzar a sembrar la semilla, es preparar el suelo. Usted puede también enfocarlo como una plataforma para la presentación del evangelio. Algunos pueden llamarlo una punta de lanza o el primer punto de contacto. La estrategia de entrada puede variar de lugar a lugar, dependiendo del grupo a alcanzar, pero permítanos primero ver el ejemplo de Jesús de cómo ingresar a un nuevo campo.

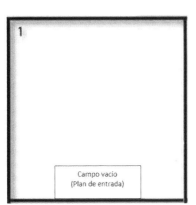
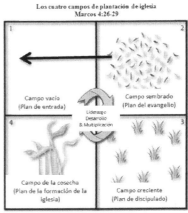

Dos tareas para el Plantador de Iglesia Visionario
1) Orar para el involucramiento de Dios en el nuevo campo de la cosecha.
2) Discernir el tiempo de Dios para ingresar en el nuevo campo.

El ejemplo de Jesús para ingresar en el nuevo campo –
En Lucas capítulo 10, Jesús dio instrucciones explícitas a Sus discípulos. A medida que Jesús continuó cumpliendo con los propósitos del Padre, el área de Judea y Galilea fue más y más expuesta al evangelio. Para Jesús, esta misión necesitó el ingreso en nuevos campos - pueblos y casas. El versículo 1 detalla tanto el propósito como la función de los discípulos

dentro de la estrategia de Jesús. El envío de los discípulos no fue hecho al azar. Más bien, Jesús da a cada par un pueblo específicamente asignado en el cual tienen que sembrar. Estos pueblos fueron seleccionados debido a los planes inminentes de Jesús de ingresar en ellos. En el versículo 1, Jesús… los envía de dos en dos delante suyo a cada pueblo y lugar donde él se disponía a ir.

Jesús no se apresuró a ingresar. Más bien, detalló las instrucciones que fueron dadas a Sus discípulos, las cuales tenían que cumplir antes de que Él visitara cada lugar.

Existen varias razones posibles para este acercamiento. Jesús habría planificado y quizá habría dado prioridad a Su viaje, basado en los informes de los discípulos. El seguimiento de Jesús ciertamente incluiría áreas donde los discípulos habrían encontrado trabajando al Espíritu. Aunque Jesús estaba enviando a Sus discípulos Judíos entre casas y pueblos judíos, ellos eran considerados extraños. Jesús afrontó los mismos problemas que nosotros afrontamos hoy en día. ¿Cuál es la mejor forma de presentar un mensaje radicalmente diferente a personas con una cosmovisión establecida, métodos para la toma de decisiones, y estructuras sociales? La mejor respuesta sería entender y adaptarse a su cultura. Este esfuerzo establecerá confianza y permitirá a la persona ajena valer dentro de la comunidad. Si bien este método debe ser altamente respetado, la mayoría de las veces lleva meses, si no años, para que una persona ajena llegue a ser una persona de confianza.

La urgencia de la tarea de Jesús demandó un acercamiento diferente. El informe gozoso del discípulo dentro de horas o días de Su envío, revela el fruto potencial de un método drásticamente diferente.

Jesús no envió a forasteros para que lleguen a ser personas de nativas del lugar, más bien, Él los envió a buscar a aquellas personas de nativas a quienes el Espíritu había preparado para recibir el mensaje. De este modo, después de su aceptación inicial dentro de la 'casa de paz', la propagación del evangelio llegó a ser un movimiento de personas nativas.

Los medios de ingreso son dados en el versículo 2: *"A la verdad, la mies es mucha, pero los obreros son pocos. Rogad, pues, al Señor de la mies, que envíe obreros a su mies".*

La instrucción de Jesús es sencilla. ¡Vaya y ruegue! La mayoría de las versiones dicen, -Vayan y oren... Simple, enfocada, en el sitio, la oración es la máquina que impulsa nuestro discernimiento de la obra del Espíritu.

Además, en este mismo pasaje, podemos ver que Jesús no estaba gastando Su aliento. Cada instrucción, que Él dio a Sus discípulos, tuvo un propósito específico en Su mente.

¿Cuál fue la meta de Lucas 10?
Jesús quiso que Sus discípulos ubicaran -casas/hombres de paz. Estas eran simplemente casas/personas que abrieron la puerta para el evangelio en sus vidas.

La respuesta –Casas y hombres de paz – **OIKOS**

Considere los siguientes pasajes:

Hechos 10: 9-48 – Cornelio y su familia, amigos, y vecinos
Hechos 16:13-15 – Lidia y su familia
Hechos 16: 25-34 – el Carcelero y su familia
Hechos 18:5-11 – Crispo y su familia

En cada caso, en medio de la oración, el Espíritu Santo abre una puerta a las casas de paz. En cada caso, toda la familia es facultada para creer y todos quienes creen son bautizados inmediatamente. Cada uno de estos casos hace uso de la palabra griega *Oikos'* para describir a la familia o al grupo familiar.

Oikos – Grupo Familiar o esfera de influencia

Aplicar Lucas 10 guía al plantador de iglesia a identificar una casa de paz (CDP). Aplicando el principio *Oikos,* entonces la CDP sirve como la puerta de acceso a todo el pueblo. Un movimiento forastero experimenta la transición que lo convierte en un modelo de ejecución local.

Existen algunas otras similitudes en los pasajes anteriormente citados, como la Oración, Persecución, y la partida rápida del evangelista/plantador de iglesia con excepción de Corinto, donde Pablo permaneció por 18 meses.

Lo que aprendemos de esto es:
- Dios contestó la oración de Sus siervos.
- Ellos identificaron a las personas de paz del pueblo, ciudad, o grupo étnico, y luego compartieron el evangelio, y los entrenaron y equiparon para guiar la nueva asamblea hacia la reproducción.
- Su ausencia demandó el surgimiento de nuevos líderes.

Resumamos la simple estrategia de entrada que Jesús enseñó a sus discípulos y que ahora está siendo practicada en muchos de los movimientos de plantación de iglesia en todo el mundo.

Entre al campo vacío para preparar primero el terreno antes de sembrar las semillas.

La estrategia de entrada descrita arriba, simple y fácilmente reproducible para preparar el campo, es la oración y caminatas de oración.

Una cosa útil sería hacer una encuesta del campo vacío usando este formulario sencillo. Ésta será una herramienta muy útil para su oración y caminatas de oración.

Pasos de acción: Responda a las siguientes preguntas para su campo escogido:
- Nombre/ubicación del campo escogido.

- ¿Cuántas personas viven aquí y quiénes son? Los principales grupos religiosos, los principales grupos étnicos. La posición social de las personas. Sus cosmovisiones.
- ¿Quiénes son las personas importantes en esta área?
- ¿Cuáles son las fortalezas religiosas y espirituales que representa un obstáculo para la penetración del evangelio?
- Si es posible, consiga un mapa del área y marque las fortalezas.
- ¿Existe algo en este grupo étnico y sus prácticas religiosas que pueden señalar a Jesús?

Otras Estrategias Comunes de Entrada
1. Evangelismo puerta a puerta
2. Cruzada /Tratados – Radio /TV
3. Trabajo social, como Centros de Instrucción/Centros de alimentación.
4. Programas de Trabajo Médico y Concientización de la Salud, Auxilio a las Víctimas de Catástrofe,
5. Cubo del sida (Vea: www.sim.org/index.php/content/hiv-aids-cube)
6. Centros de Entrenamiento de Educación /Vocacional, etc.
7. Historia de la Biblia, la película de Jesús, etc.

Cada uno de estos métodos son atractivos, por la velocidad de penetración que permiten. Sin embargo, cada uno de ellos tiene sus propias fortalezas y debilidades, y la mayoría de las veces, no son reproducibles y requieren de talentos y dinero. Usted también puede pensar en otras posibles estrategias de ingreso que sean únicas para su campo escogido. No obstante, las opciones deben ser medidas a la luz del impacto y de la reproducibilidad basada en la guía del Espíritu Santo.

ESCOGIENDO UN CAMPO VACÍO EN EL CONTEXTO DE UNA IGLESIA

Uno de los ejercicios sencillos que está siendo practicado en muchos movimientos de plantación de iglesia, es motivar a cada creyente en la iglesia a identificar cinco nombres (campos vacíos) de personas que conocen y que les gustaría ver en el reino de Dios, donde puedan sembrar las semillas del evangelio. (Usted ya debería tener los nombres de las 24 personas con quienes está actualmente trabajando). Usted puede escribir los nombres de 5 personas en cada una de las siguientes categorías:

Aprenda el principio **"APSV"**

AMIGOS
PARIENTES
SOCIOS
VECINOS

Pida a cada creyente en la iglesia que identifique a cinco personas no salvas y motívelos a orar por ellas cinco minutos al día por cinco días a la semana, por cinco semanas. ¿Qué puede orar por ellos? Una oración sencilla

ABRE LOS CORAZONES, ABRE LAS CASAS, ABRE LAS PUERTAS, ABRE EL CIELO Y BENDÍCELOS, ABRE OJOS Y OÍDOS.

Si usted identifica al hombre de paz, ¿qué puede hacer primero? Algo sencillo es ofrecerse a orar por ellos si tienen alguna necesidad específica. Si no, usted puede seguir el modelo de oración 'C.T.E.S.E.'

Ore por C.T.E.S.E
C – CUERPO
T – TRABAJO
E – EMOCIONES
S – NECESIDADES SOCIALES
E – NECESIDADES ESPIRITUALES

PARA MÁS ESTUDIO: Lea y estudie Mateo 10 y compare con el ejemplo de Lucas 10. ¿Cuáles son las diferencias y qué más podemos aprender del ejemplo de Mateo 10?

AUTOEXAMEN:

1. ¿Cuál es la necesidad para una estrategia de entrada?

2. ¿Cuál fue la estrategia de entrada en el ejemplo de Jesús descrita en Lucas 10?

3. Describa su OIKOS (Amigos, Parientes, Socios, y Vecinos)

4. ¿Cuáles son las lecciones que podemos aprender del ejemplo de Lucas 10?

5. Haga una hoja de encuesta de su campo escogido y úsela para oración e intercesión.

6. Como plantador de iglesia, ¿cuál será su estrategia de entrada para su campo? ¿Por qué?

7. ¿Cuál fue el ejemplo de estrategia de entrada de Jesús y cuáles fueron algunos de los conjuntos de normas que Él dio a sus discípulos?

8. ¿Cuál es la meta de Lucas 10:1-11 y cuál es el significado de OIKOS?

Semana 11

ESTRATEGIA DE EVANGELISMO

En este pasaje, trataremos de encontrar soluciones para algunas preguntas como quién, qué, cuándo, por qué, y cómo hacer evangelismo.

VERSÍCULOS CLAVES: 1 Corintios 15:1-7, Hechos 5:42, 10:34-43, Juan 4:27-30, Romanos 10:10-17

El corazón de la Gran Comisión consiste en presentar el evangelio a aquellos que están viviendo en la oscuridad. En este capítulo, aprenderemos a dominar y a utilizar las herramientas sencillas de evangelismo. No basta con llegar a ser un maestro en el evangelismo, es esencial que lleguemos a ser un ejemplo y entrenemos a otros para una cosecha superior.

Los cuatro campos de plantación de iglesia
Marcos 4:26-29

Campo vacío
(Plan de entrada)

Campo sembrado
(Plan del evangelio)

Liderazgo
Desarrollo
& Multiplicación

Campo de la cosecha
(Plan de la formación de la iglesia)

Campo creciente
(Plan de discipulado)

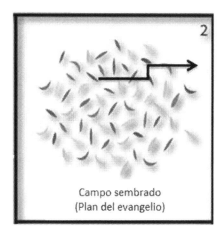

Campo sembrado
(Plan del evangelio)

Cada esquina del campo debería estar saturada.

¿Quién debería compartir?

Mateo 28:18-20 fue dado a todos los creyentes. ¡Es un mandato! Cualquier creyente que no está esparciendo la semilla, está violando este mandato. Jesús les dijo: "Venid en pos de mí, y os haré pescadores de hombres." (Marcos 1:17) Cada creyente renacido debe compartir el evangelio con otros.
¿De qué estoy hablando? De una presentación sencilla del evangelio:

Escuche la historia de ellos   Compártales su historia
Comparta la historia de Jesús

Juan 4:29 - La mujer samaritana compartió su historia y la historia de Dios.

Nuestra historia debería incluir tres cosas esenciales:

- Su vida antes de creer en Jesús.
- Cómo escuchó acerca de Jesús y cómo llegó a creer en Él.
- Cómo cambió su vida después de creer en Jesús.
- **Es importante no sólo enfocar el cambio externo del comportamiento. Asegúrese también de describir**

claramente cuánto ha hecho Dios internamente en su corazón y vida.

La historia de Dios: A continuación le presentamos una definición del evangelio. Esta puede ser parte de cualquier presentación del evangelio. El libro de Romanos nos habla sobre el problema del pecado y la manera de acercarnos a Dios. Aquí hay una manera sencilla de comprender y explicar la solución que nos da Jesús. Creyendo el mensaje de Jesús y volviéndonos de nuestros pecados para seguirle a Él trae como resultado salvación y una relación con Dios por medio de Jesús.

Romanos 3:23, Romanos 6:23, Romanos 5:8, Romanos 10:9-10

EXPLICACIÓN DEL EVANGELIO:

Es importante que compartamos el verdadero evangelio. En palabras sencillas, podemos aprender el evangelio en estos dos pasajes de la Escritura - 1 Corintios 15:1-7, Hechos 10:34-43

Lea las porciones mencionadas de la Escritura y haga un resumen del evangelio en términos claros y sencillos. El Evangelio es las buenas noticias y se puede resumir como se muestra a continuación. Intente repetir la declaración en sus propias palabras.

El Dios del universo creó los cielos y la tierra y todo lo que están en ellos. Dios creó al hombre y a la mujer, y ellos cometieron pecado e infringieron las normas de Dios (Génesis 1 y 2). Dios, debido a Su gran amor por la humanidad (Juan 3:16) envió a Jesús a este mundo como fue dicho en las Escrituras; Él vivió en la tierra por 33 años y medio; Él hizo el bien a las personas; sanó a los enfermos, resucitó a los muertos, pero finalmente los judíos lo crucificaron en la cruz. Él fue sepultado y resucitó de entre los muertos al tercer día y ascendió al cielo. Él regresará a juzgar al mundo, y sólo en el nombre de Jesús hay perdón de pecados.

¿Quién está calificado para compartir? En Juan 4:4-42, leemos que la mujer samaritana fue y compartió con todo el pueblo. Jesús primero la ganó y luego la envió a llamar a su – "Oikos" a la fe. ¡Ella fue una evangelista tremendamente efectiva! En un capítulo, todo su pueblo fue expuesto al evangelio y muchos creyeron. Sus aptitudes son: Ella es una mujer ignorante con un pasado pecaminoso y es una nueva creyente. Si ella a pesar de eso está calificada, entonces cada creyente está calificado.

¿A quién podemos compartir? A.P.S.V

Cuatro cosas esenciales de la mujer samaritana

1. **La obediencia inmediata a Cristo** – Tan pronto como ella fue convencida, dejó su cántaro en el pozo, fue al pueblo y habló a todos.

2. **Su testimonio personal** – A menudo hemos experimentado que el testimonio del creyente es la herramienta más afilada para el evangelismo.

3. **La presentación del evangelio** – Presentar el evangelio tiene un propósito, y es traer a las personas a una decisión acerca de Cristo. En el caso de ella fue *(versículo 29) – ¿Será posible que éste sea el Cristo? –*

4. **La presentación de Jesús** – Finalmente, vemos que la mujer guía al pueblo a los pies de Jesús (versículo 30) **(GUIANDO A UN COMPROMISO)**

En resumen, cada creyente debería estar motivado a compartir su fe con otros. Jesús les dijo: "Venid en pos de mí, y os haré pescadores de hombres." (Marcos 1:17) Cada seguidor de Jesús debería esperar ser un pescador de hombres.

Medidas de acción: Haga un repaso de las lecciones cubiertas en la semana 1 y 2. ¿Cómo ha logrado compartir su historia y la historia de Dios con las personas de su lista? ¿Ha terminado con sus 24 nombres? ¿Está listo para hacer una nueva lista?

Motive a cada nuevo creyente para que comience a compartir su nueva fe tan pronto como sea posible, así como la mujer samaritana. Ponga una meta de compartir el evangelio con al menos cinco personas cada semana.

Una presentación del Evangelio siempre debería estar seguida por una invitación para aceptar a Cristo. Después de que usted comparte su historia o evangelio de cualquier forma, usted debería preguntar, - "¿Le gustaría aceptar a Jesús en su vida?" Si dice que sí, guíe inmediatamente a la persona al Señor. Use esta sencilla oración como un posible ejemplo. Recuerde que no hay nada de especial en recitar las palabras de abajo… es a través de la fe en Cristo que somos salvos. (Ef. 2:8-9)

Señor, en respuesta a Tu convicción, confieso que soy un pecador. Estoy arrepentido por todas las cosas malas que he hecho en mi vida. Creo y pongo mi fe en Jesús, quien vino a este mundo y murió por mis pecados, y por medio de Él, hay perdón de pecados.

Señor Jesús, hoy te acepto como mi Señor y Salvador. Por favor entra en mi vida. Lávame con tu sangre. De hoy en adelante, soy Tuyo. Gracias por aceptarme. En el Nombre de Jesús, Amén.

AUTOEXAMEN:

1. ¿Quién debería compartir el evangelio?

2. Por favor escriba su propio testimonio teniendo en cuenta las tres cosas esenciales (por favor use una hoja adicional) y

practique compartiéndolo con algunas personas en esta semana.

3. ¿Cuál es el requisito para ser un evangelista (las cuatro cosas esenciales de la mujer samaritana)?

4. Haga una lista de su (A.P.S.V) quien no es salvo y practique orando por ellos usando las oraciones CTESE:

MIS OIKOS	Nombres
Cinco Amigos:	
Cinco Parientes:	
Cinco Vecinos:	

Semana 12

DISCIPULADO EFECTIVO (Parte 1)

En esta lección:
* Evaluaremos cómo hacer discípulos.
* Comprenderemos el proceso del discipulado y el rol del mentoreo.
* Comenzaremos a discipular a alguien, o procuraremos hacerlo de manera intencional, y empezaremos a ser mentoreados por alguien.

VERSÍCULOS CLAVES:

Mateo 28:19-20 - *"Por tanto, id y haced discípulos a todas las naciones, bautizándoles en el nombre del Padre, del Hijo y del Espíritu Santo, y* ***enseñándoles que guarden todas las cosas que os he mandado.*** *Y he aquí, yo estoy con vosotros todos los días, hasta el fin del mundo"*.

He. 5:12-14 - *...habéis llegado a tener necesidad de* ***leche*** *y no de* ***alimento sólido.*** *Pues todo el que se alimenta de* ***leche*** *no es capaz de entender la palabra de la justicia, porque aún es niño. Pero el* ***alimento sólido*** *es para los maduros...*

Hebreos 6:1-2 - *Por tanto, dejando ya los rudimentos de la doctrina de Cristo, vamos adelante a la perfección; no echando otra vez el fundamento del arrepentimiento de obras muertas, de la fe en Dios, de la doctrina de bautismos, de la imposición de manos, de la resurrección de los muertos y del juicio eterno.*

Una vez que se hayan identificado las casas de paz y se haya compartido el evangelio, es natural que el discipulado comience en la casa. Las expectativas del plantador de iglesia en cuanto a estos nuevos creyentes determinarán el potencial para la multiplicación. Debe tomarse una decisión, cada vez que los nuevos creyentes son añadidos dentro de una red de iglesias. Existen dos opciones:

1. Congregarlos en una iglesia existente.
2. Que los nuevos creyentes inicien nuevas iglesias.

Si bien la primera de estas opciones es usada en un 90% del tiempo, la segunda opción representa un potencial más grande. Para aquellos que han practicado una estrategia de ingreso de acuerdo a Lucas 10, las casas de paz reveladas por Dios deberían verse como nuevas iglesias potenciales.

Los cuatro campos de plantación de iglesia
Marcos 4:26-29

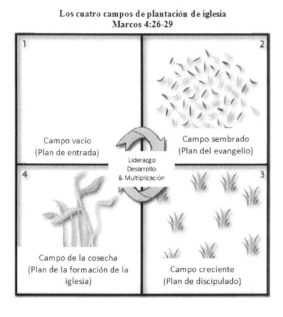

Pregunta clave – ¿Cómo hago discípulos?

Para contestar la pregunta, evaluemos nuestro presente Sistema de Discipulado. Considere las siguientes preguntas concernientes a la evaluación de materiales de discipulado.

Primero, ¿está basado en la obediencia /responsabilidad mutua?

No es la cantidad de conocimiento que hace fuerte a un creyente, sino su grado de obediencia. Esto es llamado Discipulado Basado en la Obediencia.
Consideremos esta pregunta: ¿Qué debemos enseñarles a nuestros discípulos?

Mateo 28:19-20, *"Por tanto, id, y haced discípulos a todas las naciones, bautizándolos en el nombre del Padre, y del Hijo, y del Espíritu Santo; enseñándoles que guarden todas las cosas que os he mandado; y he aquí yo estoy con vosotros todos los días, hasta el fin del mundo".*

A menudo cuando formulamos esta pregunta la respuesta llega rápidamente, debemos enseñar los mandatos de Cristo, considerando que, el trabajo del hacedor de discípulo es enseñar *obediencia* a los mandatos de Cristo. El enseñar mandatos nunca traerá como resultado discípulos saludables. Es la obediencia que coloca a un hombre en el camino correcto. La obediencia es el centro de la comisión. El hábito de la obediencia le servirá al discípulo en toda su vida cuando afronte nuevos desafíos y aplique las enseñanzas de Cristo. Medir la obediencia demandará el rendir cuentas unos a otros.

Segundo, ¿otorga responsabilidades que desafían a los creyentes? Como Santiago nos recuerda, "la fe sin obras está muerta" (Santiago 2:26) Con esto en mente, debemos esperar y comisionar a nuestros discípulos a la aplicación de la Palabra. Un elemento clave en promover tal acción es la entrega de responsabilidad. La responsabilidad promueve el rápido crecimiento. También, el desafiar incluso a los nuevos creyentes con tareas manejables acelerará su madurez. Tomar su propia identidad en Cristo y su rol en el cuerpo, son las claves para que ellos alcancen su potencial.

Tercero, ¿se espera/anticipa multiplicación? (*2 Timoteo 2:2*). El mayor gozo en el ministerio no es hacer discípulos. ¡Más bien, es ver a sus discípulos hacer sus propios discípulos!

En 2 Timoteo, Pablo pasa una responsabilidad a sus discípulos. Considere este principio de discipulado: - *Lo que oíste de parte mía mediante muchos testigos, esto encarga a hombres fieles que sean idóneos para enseñar también a otros.* (2 Timoteo 2:2).

En este versículo se pueden observar cuatro generaciones de creyentes.

1) **Pablo**
2) **Timoteo**
3) **Hombres fieles**
4) **Otros**

Considere estas fortalezas en las cadenas de discipulado:

1. Enseñar a otros es una gran herramienta para aprender.
2. El discipulado es más efectivo en pequeños grupos o uno a uno.
3. Delegar el discipulado expande el potencial para las relaciones.
4. Los ministerios en múltiples lugares pueden mantenerse a través de una cadena.
5. Cuando la autoridad y la responsabilidad pasan a otros, la cadena puede sobrevivir ante una eventual pérdida de su líder.

Cuarto, ¿Emplea a los creyentes de la misma iglesia para el liderazgo? Tito 1:5 - *Por esta causa te dejé en Creta: para que*

pusieras en orden lo que faltase y establecieras ancianos en cada ciudad, como te mandé.
Pablo dio empuje a este principio como prioridad en Creta. ¡Tito estaba en el error por no capacitar o reconocer el liderazgo local!

¡El plantador de iglesia debe recordar que todo lo que necesita para la cosecha está en la cosecha!

Esto incluye a los maestros prometidos a la iglesia en Efesios 4:11-12.

El plantador de iglesia debe creer que los creyentes de la primera generación pueden mentorear a otros. Cuando se provee las herramientas apropiadas, hasta los dones de los creyentes más nuevos pueden prosperar.

Quinto, ¿es reproducible? (2 Timoteo 2:2). Para el plantador de iglesia, la dependencia de un material externo podría ser peligroso, pero puede ser considerado si fuera necesario. El plantador de iglesia inconscientemente puede introducir ciertas tradiciones culturales poco saludables a la iglesia, lo cual puede dificultar el discipulado reproducible.

Para asegurar la reproductibilidad, el plantador de iglesia debería usar sistemas y herramientas autóctonos sencillos. Esta forma de proceder asegurará a la iglesia ser autóctona para el terreno. Este proceso evitará cargas financieras que a menudo paralizan el potencial para la multiplicación.

Sexto, ¿empuja a los creyentes hacia el autodescubrimiento? (2 Timoteo 3:16-17). La Palabra está diseñada para formar y afilar a cada lector. Juan 14:26 aún se aplica hoy en día. El Espíritu Santo es todavía el consolador. Él es responsable de enseñar al discípulo de Cristo todas las cosas y de recordarle a él o a ella las palabras de Cristo. Existe un dicho, "Dele a un hombre un pez, y lo alimentará por un día. Enséñele a un hombre a pescar, y lo alimentará toda una vida." O estamos dando el pez o estamos entrenando a las personas a pescar. ¿Cuál es mejor a largo plazo?

Promover las disciplinas de la lectura y meditación de la Escritura en su aplicación crea una atmósfera perdurable para el aprendizaje. Esto permite auto-alimentación. Motive a cada nuevo creyente a tener un tiempo personal con el Señor (tiempo de quietud) diariamente. La conversación entre Dios y el creyente es el fundamento del verdadero discipulado.

El plantador de iglesia desde el principio debe luchar para lograr estudios participativos de la Biblia, que deben estructurarse en grupos pequeños.

Séptimo, ¿guía de manera natural a la formación de la iglesia? La meta final es siempre tener iglesias autónomas. Con esto en mente, el sistema de discipulado debe evaluarse para asegurar un entorno que fluya libremente hacia el funcionamiento de la iglesia.

Medidas de acción:

- Para aquellos que ya están en el proceso de discipular/mentorear a alguien:
  - o Evalúe lo que está haciendo y ajuste sus métodos actuales para que se alineen con los enseñados en esta lección.
  - o ¿En qué debe cambiar o mejorar?

- Para aquellos que no están en el proceso de discipular/mentorear a alguien:
  - o ¡Comience a buscar activamente a los que puede discipular!
  - o Encuentre a alguien ante quien usted se haga responsable de hacer esto.

- Para aquellos que no están siendo discipulados/mentoreados por alguien:
  - o Comience a buscar activamente a una persona confiable quien se comprometerá con usted y su caminar espiritual.

Semana 13

DISCIPULADO EFECTIVO (Parte 2)

En esta lección:
- Evaluaremos los planes de discipulado a corto y largo plazo.
- Consideraremos el desarrollo de las cadenas de discipulado dentro de cada red.

Comprendiendo el Discipulado a Corto y Largo Plazo
*...habéis llegado a tener necesidad de **leche** y no de **alimento sólido**. Pues todo el que se alimenta de **leche** no es capaz de entender la palabra de la justicia, porque aún es niño. Pero el **alimento sólido** es para los maduros...* He. 5:12-14

El plantador de iglesia, al considerar el discipulado, debería ser sabio para tomar en cuenta dos categorías: El discipulado a corto plazo (la leche) y el discipulado a largo plazo (el alimento sólido).
En otras palabras:

¿Qué los iniciará? (corto plazo)
¿Qué los mantendrá en movimiento? (largo plazo)

El Discipulado a Corto Plazo	El Discipulado a Largo Plazo
De 1-3 meses	De 1-3 años
Patrón de Obediencia	Cautividad de todo pensamiento
Leche Espiritual	Carne Espiritual
Dependiente de un Mentor	Auto-alimentación
Coloca el Fundamento	Edifica la Estructura

El Discipulado a Corto Plazo

Piense en términos de 1 a 3 meses. Las lecciones enseñadas en este período colocan el fundamento, ya sea fuerte o débil, en las cuales el discípulo construirá su nueva vida en Cristo. El discipulado temprano hace a un cristiano más fuerte, con la menor posibilidad de volver atrás.

Las Herramientas del Discipulado a Corto Plazo

En la Gran Comisión de *Mt. 28:18-20,* encontramos que somos instruidos para hacer discípulos a todas las naciones. Hacemos esto a través del bautismo y la enseñanza.

En este pasaje de Mateo citado anteriormente, ¿cuál debe ser el tema y la meta de nuestra enseñanza?

Respuesta – *la Obediencia* a los mandatos del Señor.

En *Hechos 2:37-47,* vemos a la primera iglesia cumpliendo con al menos siete de los mandatos de Cristo. Ellos son:

1) **El arrepentimiento y la fe – v. 38**
2) **El Bautismo – v. 39**
3) **El Amor (expresado en el servicio y la comunión)**
4) **La observancia de la Cena del Señor – v. 42, 46**
5) **La entrega de sus bienes – v. 45**
6) **La Oración – v. 42**
7) **La Gran Comisión – v. 38, 47**

Aunque ésta no es de ninguna manera una lista completa a los mandatos de Cristo, ésta nos da un punto de partida para enseñar el hábito de la obediencia. También podemos usar Hebreos 6:1-3 como una base para colocar un sólido fundamento para enseñar los primeros principios de la vida cristiana.

Estudie *Colosenses 2:6-8: "Por tanto, de la manera que habéis recibido a Cristo Jesús el Señor, así andad en él, firmemente arraigados y sobreedificados en él, y confirmados por la fe, así*

100

como habéis sido enseñados, abundando en acciones de gracias. Mirad que nadie os lleve cautivos por medio de filosofías y vanas sutilezas, conforme a la tradición de hombres, conforme a los principios elementales del mundo, y no conforme a Cristo."

Aquí encontramos que la vida cristiana se compara a un árbol. Comienza como semilla, crece y toma raíces fuertes, y finalmente da frutos y se multiplica. Se compara a un edificio en el aspecto de tener una base sólida. La vida piadosa de la persona cambia junto con todos sus estándares y hábitos. La meta del discipulado a corto plazo es enseñar principios elementales de la vida cristiana y guiarlos a una vida de obediencia.

El Discipulado a Largo Plazo

Piense en términos de 1 a 3 años. Mientras que la leche debe ser provista por la madre, la madurez depende de la habilidad de alimentarse por sí mismo con el pasar del tiempo. Asimismo, el discipulado a largo plazo debe ser dirigido por la búsqueda del Señor de parte del discípulo mismo. El plantador de iglesia debe escoger los materiales que le promuevan a un caminar saludable con El Señor, así como también ser capaz de transformar sus propias relaciones familiares y comunitarias. Esto también puede elegirse basado en sus necesidades, en una situación y tiempo dado, así como usar un menú para el alimento.

Considere el siguiente pasaje para entender la distinción entre el material a corto y largo plazo. ¿Cuáles son los principios elementales mencionados aquí?

Hebreos 6:1-3, *"Por tanto, dejando las doctrinas elementales de Cristo, sigamos adelante hasta la madurez, sin poner de nuevo el fundamento del arrepentimiento de obras muertas, de la fe en Dios, de la doctrina de bautismos, de la imposición de manos, de la resurrección de los muertos y del juicio eterno. Y esto haremos si es que Dios lo permite."* En estos versículos, encontramos arrepentimiento, fe, bautismo, imposición de manos, resurrección, y el juicio eterno; que se describen por el escritor como enseñanzas elementales.

Cuando usted examina el resto del libro de Hebreos (capítulo 6-13), ¿qué temas abarca el escritor dentro del área de la "madurez" presentada en 6:1?

1)	6)
2)	7)
3)	8)
4)	9)
5)	10)

Aquí el escritor de Hebreos nos ha dado un 'menú' del cual podemos desarrollar lecciones para un mentoreo a largo plazo de nuestros discípulos. A medida que usted reflexione sobre estos pasajes, comience a notar las historias, ejemplos, y enseñanzas adicionales sobre los temas que usted ha enumerado arriba. Entender Hebreos como una clase de 'menú' para el discipulado a largo plazo nos ayuda a descubrir otras secciones de la Escritura con cualidades similares. Otros pasajes de estilo menú incluyen:

- El Cántico de Moisés – Deuteronomio 32.
- El Sermón del Monte – Mateo 5-7.
- La descripción de Pablo sobre el "Fruto del Espíritu" – Gálatas 5:22-23.
- "La Armadura de Dios" – Efesios 6:10-18.
- Las lecciones para las "Siete Iglesias" – Apocalipsis 2-3.
- El libro de Hechos y las Epístolas Paulinas.
- Para aquellos de ustedes que trabajan en un contexto de aprendices orales por favor examinen los siguiente recursos gratuitos y de calidad:
  - o Finishingthetask.com/orality
  - o Oralitystrategies.org
  - o Orality.net
  - o FaithComesbyHearing.org

o Storyrunners.com

Las Herramientas del Discipulado a Largo Plazo
Un método sencillo y reproducible del estudio de la Biblia puede impulsar el discipulado a largo tiempo. Nada puede reemplazarlo. Considere estas fortalezas de estudios bíblicos enfocados en familias.

1. El hogar o grupo familiar crea incentivo y responsabilidad mutua entre los nuevos creyentes.
2. Los estudios bíblicos enfocados en familias proporcionan estilos para el aprendizaje oral y escrito. El estudio en grupo sólo requiere de un lector por casa.
3. El estudio sistemático significa que el material es presentado dentro del contexto.
4. Permite múltiples grupos de discipulado en distintos lugares sin la presencia inmediata del mentor.
5. El estudio/discusión participativo permite la expresión de los dones espirituales que surgen desde el interior del grupo.
6. Deberíamos proveer a los discípulos un "calendario de lectura", junto con un sistema de retroalimentación, puesto que esto crea una forma simple de evaluación.

Métodos de estudio Bíblico
A continuación mencionamos dos ejemplos de métodos de estudio Bíblico que incorporan retroalimentación. Cada uno utiliza un patrón de preguntas sencillas diseñadas para revelar la doctrina y aplicación del pasaje asignado.

1. **La Espada** - Hebreos 4:12
2. **Los Usos de la Palabra** - 2 Timoteo 3:16-17

*"Porque la Palabra de Dios es viva y eficaz, y más penetrante que toda **espada de dos filos**. Penetra hasta partir el alma y el espíritu, las coyunturas y los tuétanos, y discierne los pensamientos y las intenciones del corazón."* (He. 4:12)

Todo lo que necesitamos conocer acerca de Dios y el hombre están revelados en la Biblia. La Biblia también revela el deseo de Dios para nosotros a través de los ejemplos y mandatos que deberíamos seguir. El que quiere conocer a Dios y seguir a Jesús debe leer la Biblia y tratar de seguir sus lecciones.

Cuando leemos la Biblia, podemos aprender su significado haciéndonos estas preguntas:

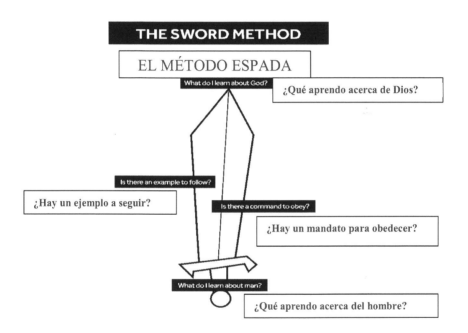

1) La punta de la espada nos señala hacia Dios. Nosotros hacemos la pregunta: **¿Qué aprendo acerca de Dios?**

2) Lo de abajo nos señala hacia hombre. Hacemos la pregunta: **¿Qué aprendo acerca del hombre?**

3) Los dos filos de la espada penetran en nuestras vidas creando cambio. Nos guían a preguntar: **¿Hay mandatos para**

obedecer o ejemplos para seguir? ¿Hay pecados para evitar?

4) Las flechas laterales nos señalan el pasaje antes y después de nuestra tarea: **¿Qué más aprendemos de este pasaje?**

Cuatro Usos de la Palabra

Descripción – 2 Timoteo 3:16-17

*"Toda la Escritura es inspirada por Dios y es útil para la **enseñanza**, para la **reprensión**, para la **corrección**, para la **instrucción** en justicia, a fin de que el hombre de Dios sea perfecto, c enteramente capacitado para toda buena obra."*

Estos versículos en 2 Timoteo revelan el uso de la Palabra de Dios en nuestras vidas. Existen cuatro usos para la Palabra de Dios. Ellos son: la enseñanza, la reprensión, la corrección y la instrucción. Juntos cumplen el propósito de equiparnos para toda buena obra. Cuando consideramos estos cuatro usos de la Palabra, vienen a nuestra mente cuatro preguntas.

La enseñanza – ¿Qué es lo Correcto?

Reprensión – ¿Qué no es lo Correcto?

Corrección – ¿Cómo llegaremos a estar en lo Correcto?

Instrucción – ¿Cómo permanecemos en lo Correcto?

Ahora que usted tiene las herramientas para hacer discípulos a corto y largo plazo, ¿cómo lo implementará en su movimiento? Recuerde, aquel que demuestre fidelidad merece nuestro tiempo. Considere las siguientes preguntas:

¿Está usted creando discípulos que se reproducirán en otros discípulos? Cuando se añadan los nuevos creyentes, ¿cómo los reunirá en grupos?

¿Usted utilizará la estructura de autoridad de la casa, o los reunirá en iglesias existentes?

¿Qué les enseñará primero?

¿Cómo los hará responsables a la obediencia y a mostrar gracia también?

Las preguntas para considerar en el discipulado:

1) ¿Está basado en la obediencia? ¿En la rendición de cuentas? – Mt. 28:19-20
2) ¿Confiere responsabilidades? – 1 Co. 14:26
3) ¿Hace planes para la multiplicación? – 2 Ti. 2:2
4) ¿Es facilitado por personas de confianza? – Tito 1:5
5) ¿Es reproducible? – 2 Ti. 2:2
6) ¿Depende del auto- descubrimiento? – 2 Ti. 3:16-17
7) ¿Conduce a la formación de la iglesia? – 1 Co. 3:10

Medidas de acción:

Evalúe sus propios sistemas de discipulado, manteniendo en mente las preguntas de arriba. Trate de construir sobre las fortalezas y tome pasos para corregir cualquier debilidad percibida dentro de su sistema.

¡Si no ha encontrado a alguien para discipular/mentorear, siga buscando!

¡Si no ha encontrado a alguien quien le discipule/mentoree, siga buscando!

Semana 14

ESTABLECIENDO IGLESIAS

En esta sección intentaremos responder algunas de las siguientes preguntas:
- ¿Cómo formar una iglesia?
- ¿Qué es una iglesia?
- ¿Cuáles son las funciones de una iglesia?
- ¿Cuál es la cabeza y autoridad en la iglesia?
- ¿Cuáles son las señales de una iglesia saludable?
- ¿Cuáles son los oficios de una iglesia?

Pregunta clave – ¿Cómo formamos la iglesia?
Comencemos con el fin en la mente. Para el plantador de iglesia, es de ayuda considerar dos preguntas acerca de iglesia:

1. ¿Qué es una iglesia?
2. ¿Qué hace una iglesia?

Basado en los pasajes dados a continuación, podemos desarrollar nuestra propia definición de una iglesia saludable. (Vea también la definición de una Iglesia)

La Identidad de la Iglesia Saludable:

1 Pedro 2:5
"...también vosotros sed edificados como piedras vivas en casa espiritual para ser un sacerdocio santo, a fin de ofrecer sacrificios espirituales, agradables a Dios por medio de Jesucristo."

2 Corintios 5:17
"De modo que si alguno está en Cristo, nueva criatura es; las cosas viejas pasaron; he aquí todas son hechas nuevas."

1 Pedro 2:9-11

107

"Pero vosotros sois linaje escogido, real sacerdocio, nación santa, pueblo adquirido, para que anunciéis las virtudes de aquel que os ha llamado de las tinieblas a su luz admirable. Vosotros en el tiempo pasado no erais pueblo, pero ahora sois pueblo de Dios; no habíais alcanzado misericordia, pero ahora habéis alcanzado misericordia."

Iglesia Saludable – las Funciones de una Iglesia Saludable
(Una parte de lo siguiente es una revisión de las anteriores lecciones, pero esencial para la plantación de una iglesia efectiva).

Basado en la Escritura dado a continuación, podemos entender y hacer una lista de las funciones de una iglesia bíblicamente saludable.

Hechos 2:41-47
"Así que los que recibieron su palabra fueron bautizados, y fueron añadidas en aquel día como tres mil personas. Y perseveraban en la doctrina de los apóstoles, en la comunión, en el partimiento del pan y en las oraciones. Entonces caía temor sobre toda persona, pues se hacían muchos milagros y señales por medio de los apóstoles. Y todos los que creían se reunían y tenían todas las cosas en común. Vendían sus posesiones y bienes, y los repartían a todos, a cada uno según tenía necesidad. Ellos perseveraban unánimes en el templo día tras día, y partiendo el pan casa por casa, participaban de la comida con alegría y con sencillez de corazón, alabando a Dios y teniendo el favor de todo el pueblo. Y el Señor añadía diariamente a su número los que habían de ser salvos."

Hechos 11:19-26
"Entre tanto, los que habían sido esparcidos a causa de la tribulación que sobrevino en tiempos de Esteban fueron hasta Fenicia, Chipre y Antioquía, sin comunicar la palabra a nadie, excepto sólo a los judíos. Pero entre ellos había unos hombres de Chipre y de Cirene, quienes entraron en Antioquía y

hablaron a los griegos anunciándoles las buenas nuevas de que Jesús es el Señor. La mano del Señor estaba con ellos, y un gran número que creyó se convirtió al Señor. Llegaron noticias de estas cosas a oídos de la iglesia que estaba en Jerusalén, y enviaron a Bernabé para que fuese hasta Antioquía. Cuando él llegó y vio la gracia de Dios, se regocijó y exhortó a todos a que con corazón firme permaneciesen en el Señor; porque Bernabé era hombre bueno y estaba lleno del Espíritu Santo y de fe. Y mucha gente fue agregada al Señor. Después partió Bernabé a Tarso para buscar a Saulo, y cuando le encontró, le llevó a Antioquía. Y sucedió que se reunieron todo un año con la iglesia y enseñaron a mucha gente. Y los discípulos fueron llamados cristianos por primera vez en Antioquía."

Hechos 13:1-3
"Había entonces en la iglesia que estaba en Antioquía, unos profetas y maestros: Bernabé, Simón llamado Níger, Lucio de Cirene, Manaén, que había sido criado con el tetrarca Herodes, y Saulo. Mientras ellos ministraban al Señor y ayunaban, el Espíritu Santo dijo: "Apartadme a Bernabé y a Saulo para la obra a la que los he llamado." Entonces, habiendo ayunado y orado, les impusieron las manos y los despidieron."

LA GUÍA PRÁCTICA: Trate de recordar estos 5 usando sus dedos (Vea más atrás la Lección 5a).

La iglesia tiene Una Cabeza y Un Propósito: Cristo y Su Gloria

Efesios 1:22-23 dice:
"Aun todas las cosas las sometió Dios bajo sus pies y le puso a él por cabeza sobre todas las cosas para la iglesia, la cual es su cuerpo, la plenitud de aquel que todo lo llena en todo." Cristo es la cabeza de la iglesia. No hay otro. Dios ha ordenado sólo un *"Príncipe de los pastores"* (1 Pedro 5:1-4). Dentro del cuerpo de Cristo no hay jerarquía. *El ojo no puede decir a la mano: "No tengo necesidad de ti."* (1 Co. 12:21). Más bien todas las

partes trabajan juntos por el bien del cuerpo. Cada creyente es una parte del cuerpo y la membresía incluye responsabilidad mutua (1 Co. 12:27).

Como indicamos anteriormente, la iglesia existe sólo por una razón. 1 Corintios 10:31 dice: *"Por tanto, ya sea que comáis o bebáis, o que hagáis otra cosa, hacedlo todo para la gloria de Dios."*

La iglesia tiene Dos Autoridades: El Espíritu de Dios y La Palabra de Dios

El Espíritu de Dios – Dios ha provisto a cada creyente de Su Espíritu como un consolador. El Espíritu mora dentro de nosotros desde la conversión y nos guía hacia el correcto pensamiento y acción. Cuando pecamos, el Espíritu trae convicción, dirigiéndonos hacia el arrepentimiento y la confesión ante Dios. Su voz debe ser reconocida cuando guía al creyente en la voluntad de Dios.

En Juan 14:26 Jesús le prometió a Sus discípulos, *"Pero el Consolador, el Espíritu Santo, que el Padre enviará en mi nombre, él os enseñará todas las cosas y os hará recordar todo lo que yo os he dicho."*

La Palabra de Dios – Para guiar a la iglesia, Dios garantizó el registro de Su instrucción y plan para la humanidad en la Biblia. No contiene errores y es la mejor herramienta para discernir todos los asuntos de fe y práctica. La Escritura habla de todos los asuntos concernientes a la iglesia y debe estar en el centro del proceso de toma de decisiones del cuerpo de Cristo.

2 Timoteo 3:16-17 nos dice, *"Toda la Escritura es inspirada por Dios y es útil para la enseñanza, para la reprensión, para la corrección, para la instrucción en justicia, a fin de que el hombre de Dios sea perfecto, enteramente capacitado para toda buena obra."*

Tanto el Espíritu de Dios como la Palabra de Dios guían a la iglesia. El Espíritu de Dios utiliza la Palabra como una herramienta para instruir, y a veces, para reprender al creyente. La Palabra es la herramienta del Espíritu para moldear y dirigir la iglesia.

El Espíritu y la Palabra nunca se contradirán el uno al otro. Cualquier revelación o interpretación debe ser puesta a prueba por estas dos autoridades. Cuando uno afirma tener un mensaje del Espíritu, debe ser puesto a prueba con la Palabra. Cuando se comparte una interpretación de la Palabra, el Espíritu confirma su verdad en el corazón del creyente.

La iglesia tiene tres oficios:

El liderazgo de la iglesia tiene tres oficios: Jesús, los Ancianos/Pastores, y Diáconos. **Requisitos:** Los requisitos pueden encontrarse en Tito 1 y 1 Timoteo 3.

1. Asegurar la designación del liderazgo en la iglesia es un objetivo digno del plantador de iglesia. El plantador de iglesia debería notar que en ninguna parte de la Escritura Pablo o cualquier miembro de su equipo de plantación de iglesia es llamado pastor. Normalmente, el plantador de iglesias en el Nuevo Testamento no desempeñaba este rol, (aunque podría hacerlo como plantador/pastor fundador de la iglesia). Más bien, Pablo da instrucciones a Tito, reconociendo que este rol desde dentro de la iglesia es clave para la formación de la iglesia (Tito 1:5).
2. Muchos creen que el pastor debe hacer las obras de ministerio/servicio. Una lectura más cuidadosa de Ef. 4:11-12 revela que las obras de servicio son el trabajo de cada creyente. El pastor/anciano es el equipador.
3. Los Diáconos sirven al Señor sirviendo al cuerpo de la Iglesia.

La iglesia tiene Cuatro Señales de Madurez: Autónoma, Auto-sustentable, Auto-reproductiva, y de Auto-corrección.

Autónoma – Por ser autónoma, simplemente significa una iglesia madura que tiene la capacidad de tomar decisiones por sí misma.

Hechos 6:1-7: En aquellos días, como crecía el número de los discípulos, se suscitó una murmuración de parte de los helenistas contra los hebreos, de que sus viudas eran desatendidas en la distribución diaria. Así que, los doce convocaron a la multitud de los discípulos y dijeron: —No conviene que nosotros descuidemos la palabra de Dios para servir a las mesas. Escoged, pues, hermanos, de entre vosotros a siete hombres que sean de buen testimonio, llenos del Espíritu y de sabiduría, a quienes pondremos sobre esta tarea. Y nosotros continuaremos en la oración y en el ministerio de la palabra. Esta propuesta agradó a toda la multitud; y eligieron a Esteban, hombre lleno de fe y del Espíritu Santo, a Felipe, a Prócoro, a Nicanor, a Timón, a Parmenas y a Nicolás, un prosélito de Antioquía. Presentaron a éstos delante de los apóstoles; y después de orar, les impusieron las manos. Y la palabra de Dios crecía, y el número de los discípulos se multiplicaba en gran manera en Jerusalén; inclusive un gran número de sacerdotes obedecía a la fe.

Aquí en este pasaje, cuando llegó la queja, ¿quién escogió a los diáconos?

Respuesta – *"Los doce convocaron a la multitud de los discípulos"* y los instruyeron para escoger a los primeros diáconos. Después de que se tomó la decisión, no hubo debate. Más bien, los 12 simplemente reconocieron la elección por la imposición de manos.

Auto-sustentable – La Iglesia debe tener posesión de su función. Ser auto-sustentable significa que tanto el ministerio como el alcance que realiza, están alimentados por sus propios recursos.

Hechos 2:44-45
"Y todos los que creían se reunían y tenían todas las cosas en común. Vendían sus posesiones y bienes, y los repartían a todos, a cada uno según tenía necesidad."

Hechos 4:34-35
"No había, pues, ningún necesitado entre ellos, porque todos los que eran propietarios de terrenos o casas los vendían, traían el precio de lo vendido y lo ponían a los pies de los apóstoles. Y era repartido a cada uno según tenía necesidad."

2 Corintios 9:10-13
"El que da semilla al que siembra y pan para comer, proveerá y multiplicará vuestra semilla y aumentará los frutos de vuestra justicia. Esto, para que seáis enriquecidos en todo para toda liberalidad, la cual produce acciones de gracias a Dios por medio de nosotros. Porque el ministrar este servicio sagrado no solamente suple lo que falta a los santos, sino que redunda en abundantes acciones de gracias a Dios. Al experimentar esta ayuda, ellos glorificarán a Dios por la obediencia que profesáis al evangelio de Cristo, y por vuestra liberalidad en la contribución para con ellos y con todos..."

Filipenses 4:15-20
"También sabéis, oh filipenses, que al comienzo del evangelio cuando partí de Macedonia, ninguna iglesia participó conmigo en cuanto a dar y recibir, sino vosotros solos. Porque aun a Tesalónica enviasteis para mis necesidades una y otra vez. No es que busque donativo, sino que busco fruto que abunde en vuestra cuenta. Sin embargo, todo lo he recibido y tengo abundancia. Estoy lleno, habiendo recibido de Epafrodito lo que enviasteis, como olor fragante, un sacrificio aceptable y

agradable a Dios. Mi Dios, pues, suplirá toda necesidad vuestra, conforme a sus riquezas en gloria en Cristo Jesús. A nuestro Dios y Padre sea la gloria por los siglos de los siglos. Amén.

Otras referencias – Hechos 11:29, 1 Ts. 2:8-9.

La razón más importante de ser autosustentable es simple matemática. Una nación nunca cambiará con fondos provenientes del extranjero. Hasta y a menos que la iglesia practique el ofrendar en forma disciplinada y a administrar recursos, la dependencia limitará la extensión del Evangelio.

Auto-reproductiva – La iglesia saludable se multiplicará. La madurez significa que la iglesia tomará posesión de la responsabilidad de evangelizar su campo. Para el plantador de iglesia, esto significa esperar que cada creyente acepte la Gran Comisión y el Gran Mandamiento personalmente. Pablo demandó y alabó tal posesión entre las iglesias a las cuales él les escribió.

1 Tesalonicenses 1:7-8, *"de tal manera que habéis sido ejemplo a todos los creyentes en Macedonia y en Acaya. Porque la palabra del Señor ha resonado desde vosotros"*

¿Por qué es importante esto? – El ejército del Señor está hecho para la batalla. Movilizar a las personas de confianza en la cosecha es la única manera de multiplicarse. Cuando los nuevos creyentes tomen posesión de los campos, las generaciones de nuevos creyentes inundarán la iglesia.

Auto-regulada – Esperamos que las nuevas iglesias entre personas previamente no-alcanzadas examinen sus propias creencias y prácticas con el propósito de llevar cautivo cada pensamiento a Cristo. Hacer esto significará que han tomado una firme comprensión basada en la Escritura como su guía.

2 Timoteo 3:16-17 dice, *"Toda la Escritura es inspirada por Dios y es útil para la enseñanza, para la reprensión, para la corrección, para la instrucción en justicia, a fin de que el hombre de Dios sea perfecto, enteramente capacitado para toda buena obra."* El uso correcto de la Escritura es una señal de madurez. Debe ser la fuente de enseñanza y entrenamiento, y también debe ser usado para reprender y corregir.

¿Por qué es esto importante? Cada grupo étnico debe aprender a filtrar su propia cultura a través de la Escritura.

La Iglesia tiene Cinco Funciones y un Quíntuplo Ministerio:

Adoración, Comunión, Servicio, Misión: Evangelismo lleno del Espíritu, y la Enseñanza/Discipulado

En Mateo 22:37-39, Jesús nos dio el más grande mandato. *"Amarás al Señor tu Dios con todo tu corazón y con toda tu alma y con toda tu mente... y el segundo es semejante a él: Amarás a tu prójimo como a ti mismo."* La obediencia a este mandato impulsa las primeras tres funciones de la iglesia.

Adoración – La expresión de amor hacia Dios
Cualquier cosa que la iglesia hace como una expresión de amor hacia Dios es adoración. Eso podría incluir el cantar, dar, orar, y los actos de obediencia a Su Palabra. (Sal. 149:1)

Comunión – Amando el Cuerpo de Cristo
Amar y cuidar de nuestros hermanos y hermanas en Cristo es comunión. Cualquier acto de amor hacia nuestra familia espiritual se constituye en comunión. Orar el uno por el otro, dar, y llevar las cargas mutuamente son todos actos de comunión. (He. 10:24)

Servicio – Obra de servicio hacia todos

Mostrar el amor de Cristo a través de nuestras acciones y actitudes es servicio. Debemos estar equipados para estas obras a fin de que el Cuerpo de Cristo sea edificado. (Ef. 4:12)

La Gran Comisión nos da el resto de las funciones de la iglesia. Jesús dijo, *"Por tanto, id y haced discípulos a todas las naciones, bautizándoles en el nombre del Padre, del Hijo y del Espíritu Santo"* (Mateo 28:19).

¡Misión: <u>Evangelismo /Bautismo lleno del Espíritu</u> – Vaya!

Misión significa llevar el mensaje de la salvación de Cristo a las personas que no han escuchado. ¡Cada creyente es un discípulo y cada discípulo debería ser un hacedor de discípulos, desde donde estén y hasta el fin del mundo! (Hechos 1:8).

Enseñanza y Discipulado – Enseñar a otros a obedecer todo lo que Cristo ha mandado
Nuestro discipulado debe estar enfocado en mover a los creyentes en su relación con Cristo. Las iglesias deben planificar el proveer de herramientas y responsabilidad mutua. (Mt. 28:20)

¿Por qué es importante esto? -La vitalidad de cualquier iglesia está definida por su función. Cualquier iglesia, independientemente del tamaño, edad, o ubicación que está funcionando de una manera saludable le agrada a Dios.

El quíntuplo ministerio en la iglesia:

Efesios 4:11-13 *"...Y él mismo constituyó a unos <u>apóstoles</u>, a otros <u>profetas</u>, a otros <u>evangelistas</u>, y a otros <u>pastores</u> y <u>maestros</u>, a fin de capacitar a los santos para la obra del ministerio, para la edificación del cuerpo de Cristo..."* El quíntuplo ministerio es dado a los líderes de la iglesia para la edificación del cuerpo de Cristo.

Evaluación de una Iglesia Saludable – ¡Dejar en libertad a las iglesias es tan importante como iniciarlas!

Pasos de acción: Evalúe la salud de su iglesia existente, o mantenga estas directrices frente a usted cuando plante y haga crecer su iglesia. ¡En el momento que esté funcionando de una manera saludable como se describe arriba, ya debería procurar liberarla y multiplicarla!

Semana 15

EQUIPAMIENTO DE LÍDERES

En esta lección discutiremos:
- El Mentoreo a través del ejemplo de Pablo y Timoteo.
- La identificación de Timoteos potenciales.
- La importancia del filtrar a los Timoteos.
- ¿Qué acciones deberían hacer los Timoteos que estamos mentoreando?

Una vez que la iglesia esté plantada, la meta del plantador de iglesia debería ser entrenar a los líderes autóctonos propios de la iglesia. En principio, cada nuevo creyente debería ser considerado como un líder potencial, y cada uno de ellos puede tener diferentes dones y roles en la iglesia. Basados en la analogía de los 4 campos, podemos pensar básicamente en cuatro tipos de líderes para cada uno de los campos.

1. *Personas que serán entrenadas como estrategas de inicio.* Esto incluye a soldados/intercesores de oración y también a personas con diferentes clases de dones en los ministerios de misericordia, investigadores, etc.
2. *Personas que son preparadas como sembradores/evangelistas.* Cada creyente debería estar entrenado para ser un creyente que testifica y gana almas.
3. *Hacedores de discípulos.* Están entrenados para cuidar de los nuevos creyentes, aunque nuestra meta es convertir a cada creyente en un hacedor de discípulo.
4. *Plantadores de iglesia.* Son seleccionados basado en el nivel de obediencia y compromiso como sembradores y hacedores de discípulos.

Como mencionamos en la lección sobre el discipulado efectivo, 2 Timoteo 2:2 es la clave para la expansión del reino. **La raíz de toda multiplicación de liderazgo es el mentoreo. Lo que un discípulo ve en la vida de su mentor, eso reproducirá. El** mentoreo de nuevos creyentes no es algo que iniciemos o concluyamos. Es un proceso en curso, y a medida que maduran, se desarrollan en líderes.

COMPRENDIENDO EL MENTOREO

Un mentor es una persona madura que se involucra a sí mismo en entrenar, preparar, ayudar, o alentar a alguien que es menos maduro. Esto puede hacerse sobre una base de uno a uno o en grupos pequeños. Cada individuo, en cualquier tiempo, tiene múltiples mentores en su vida. Estos mentores forman las acciones y actitudes que dirigen a la reproducción de las normas sociales.

Somos mentoreados por los padres cuando aprendemos y entendemos los roles y reglas de la interacción social. Somos mentoreados por los maestros en nuestro entendimiento de la autoridad y sumisión. Somos mentoreados por los amigos cuando consideramos nuestra dirección de vida y el uso de nuestro tiempo. Aún nuestra cosmovisión es determinada por un mentoreo colectivo por obra de nuestra cultura o comunidad social.

Esta verdad también se aplica a la comunidad cristiana. Cada nuevo creyente, discípulo, o plantador de iglesia necesita ser mentoreado en las tareas de seguir y servir a Cristo por alguien que sea más maduro que él mismo. Éste tiene que ser un proceso en curso, en lugar de un acontecimiento que ocurre una sola vez.

2 Timoteo 2:2 dice: *"Lo que oíste de parte mía mediante muchos testigos, esto encarga a hombres fieles que sean idóneos para enseñar también a otros."*

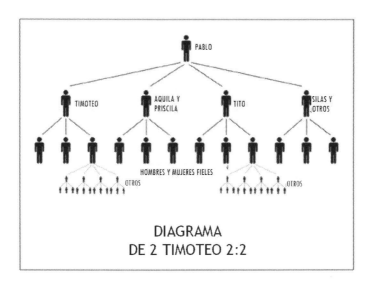

**DIAGRAMA
DE 2 TIMOTEO 2:2**

El ministerio de Pablo existió en cadenas. De este modo, aún en su ausencia, él tuvo una relación de discipulado en curso con miles.

Observaciones del Diagrama

1. El mismo líder puede iniciar cadenas múltiples.
2. Cada generación o "enlace" en la cadena, lleva a un nivel de multiplicación.
3. Se necesita de hombres y mujeres fieles para continuar la cadena.
4. ¿Otros?

Las familias están organizadas de esta misma manera. Los padres llegan a ser abuelos cuando nace la tercera generación.

Organizando Un Ministerio De Mentoreo

La tarea del PIV requiere la reproducción de líderes en cada nivel del plan de Marcos 4. *Expandiendo el ministerio* a los nuevos y de otra manera las áreas no-alcanzadas demandan el desarrollo de nuevos equipos de inicio capaces de penetrar en la oscuridad, así como también los sembradores fieles capaces de saturar el campo con las semillas (Campo 1-2).

Establecer el ministerio demanda la multiplicación de hacedores de discípulo y plantadores de iglesia que sean capaces de añadir raíces a las iglesias recién establecidas (Campo 3-4). El mentoreo de tales líderes es un proceso que lleva tiempo.

Facilitando Grupos Timoteo

Pablo instruyó a Timoteo para descubrir a aquellos capaces de mentorear a otros con su ejemplo, pero hacerlo demanda varias áreas importantes a considerar (2 Timoteo 1:13, 2:2). Manejar grupos Timoteo demanda respuesta a tres preguntas claves:

1. ¿Cómo identificamos a los potenciales Timoteos?
2. ¿Qué acciones deberían hacer los Timoteos que estamos mentoreando?
3. ¿Cómo mentoreamos a nuestros Timoteos?

Pregunta clave # 1 - ¿Cómo identificamos a los potenciales Timoteos?

A través del proceso de filtrado, podemos identificar a los Timoteos de entre los creyentes existentes en nuestra congregación. Ellos serán fieles, responsables, obedientes, y dispuestos a ser entrenados y mentoreados por el entrenador. Una manera simple de medir su potencial es observar su nivel de obediencia.

El filtrado no implica que el infiel o estéril se alejará. Más bien, alentará y desafiará a muchos creyentes que de otra manera se estancarían en la acción. Cuando las responsabilidades son dadas y cumplidas, el que es fiel y fértil llega a ser notorio. Cristo es nuestro ejemplo para tal filtrado.

El Corazón del Liderazgo de Jesús
- Multitudes – Mateo 5:1
- 5000 – Marcos 6:30-44
- 4000 – Marcos 8:1-13
- 120 - Cuarto Superior
- 70 Enviados
- 12 Escogidos
- 3 Más cercanos
- 1 Amado

De Multitudes, a los Seguidores, al Fiel.
El resultado final de Jesús al filtrar las multitudes, fue un núcleo de discípulos en quienes Él había invertido intensamente. De las multitudes, Jesús llamó a los seguidores. De los seguidores, Jesús hizo a los discípulos. De los discípulos, Él designó Apóstoles para guiar a la multitud hacia las naciones.

¿Por qué es importante el filtrado?

El recurso más grande del plantador de iglesia es su tiempo.

El PIV debería decidir cómo pasar su tiempo con sus Timoteos. Debe considerarlo como su prioridad.

Pregunta clave # 2 – ¿Qué acciones deberían hacer los Timoteos que estamos mentoreando?

La respuesta a esta pregunta está en Marcos 4, el plan de los Cuatro Campos. Nuestros Timoteos son nuestra siguiente generación de PIVs. Esto significa que debemos mentorear a los Timoteos en todos los niveles del plan de un PIV.

Pregunta clave # 3 – ¿Cómo mentoreamos a nuestros Timoteos?

El aprendizaje puede desarrollarse en un aula, pero el mentoreo no. Tal como Jesús lo hizo, debemos estar dispuestos a caminar con nuestros Timoteos. **El sitio para el mentoreo es el campo de trabajo**. Allí es donde mejor se enseñan las aplicaciones de los principios enseñados, el establecimiento de metas, y cómo enfrentar los problemas de la vida real.

El contacto con líderes también debería considerarse como medio para asegurar el énfasis en tres áreas claves, ellas son: el cuidado pastoral/responsabilidad mutua, nuevas lecciones, y la práctica.

El cuidado pastoral/responsabilidad mutua – Esto simplemente significa un proceso de tareas y acciones que se espera que se realicen. Una atmósfera de tal expectativa es esencial en la relación de Pablo –Timoteo. Esto se puede ver de manera plena en las cartas de Pablo, cuando él da instrucciones específicas a los líderes en su red. Él envía a los líderes, los llama a venir, les da cargos específicos, y a veces los reprende por fracasar en el cumplimiento de las tareas (vea Tito 1:5).

Nuevas Lecciones – Nunca se acerque a sus Timoteos sin ofrecerles algo. Cada reunión debería incluir una nueva responsabilidad y/o tarea diseñada para hacerlos crecer.

La práctica – Todo lo enseñado debería ser llevado a la práctica para asegurar la reproducibilidad en el campo establecido. Cristo fue un mentor experto. Aquellas cosas que Él esperaba de Sus discípulos fueron primeramente realizadas por Él mismo. A veces, Jesús observaba desde lejos a sus discípulos cuando eran enviados a aplicar las lecciones específicas. Finalmente, el Señor dejó la tarea a sus discípulos con la plena confianza de que asumirían los roles del liderazgo que él les había comisionado.

AUTOEXAMEN:

1. ¿Qué significa el mentoreo?

2. ¿Cómo identifica a los Timoteos potenciales?

3. ¿Cómo mentorea a sus Timoteos?

4. ¿Qué deberán hacer ellos en respuesta al mentoreo?

PARA MÁS ESTUDIO:

Un Estudio de auto-descubrimiento – Los Filtros de la Fidelidad

Lea los siguientes pasajes para descubrir los filtros utilizados por Jesús para identificar a los fieles. Registre sus conclusiones.

1) Marcos 10:17-23 – Las Exigencias del Señorío

2) Mateo 10:32-38/Juan 6:52-67 – Palabras Duras

3) Mateo 13:9-17 /Marcos 4:1-12, 33-34 – Parábolas – discerniendo la presencia del Espíritu.

4) ¿Otros?

Pasos de acción:

Considere de nuevo a los líderes en su primer "Grupo Timoteo" potencial. Cuando usted piense y ore por cada líder de su lista, responda a las preguntas que siguen a continuación.

Tome tiempo en considerar sus roles actuales en el ministerio. ¿Qué responsabilidades están cumpliendo ahora? ¿Cuál de los "cuatro campos" están promoviendo? Teniendo en cuenta todo su ministerio, ¿dónde los colocaría hoy en base al gráfico de liderazgo?

Más importante aún, dondequiera que ellos puedan estar actualmente, ¿cómo los hará avanzar?

Tome tiempo en registrar las acciones específicas para cada líder que usted desea que avance en mayor responsabilidad. Esto le ayudará de manera intencional a aprovechar plenamente cada contacto que usted hace con estos líderes.

EVALUACIÓN Y RESPONSABILIDAD MUTUA

En esta sección aprenderemos:
* El propósito de la evaluación
* La calidad de la evaluación
* La cantidad de la evaluación

La evaluación, en nuestro contexto, significa la recopilación cuidadosa de información sobre la vida personal y ministerio del líder, a fin de tomar decisiones necesarias, con el fin de ayudarlos a desarrollar su personalidad y su efectividad en el área de su trabajo.

El Propósito de la Evaluación
El propósito de la evaluación debería ser el desarrollo integral del líder/plantador de iglesia. Debería ser usado para ayudarle en las siguientes cuatro áreas:

* **DESCUBRIR:** Descubrir las fortalezas y debilidades en su vida personal y desempeño.
* **DISEÑAR:** Ayudar a visualizar las metas de su vida.
* **DESARROLLAR:** Analizar y diseñar la estrategia para cambios positivos en su vida personal y desempeño.
* **DESPLEGAR:** Implementar la estrategia, con el fin de lograr las metas deseadas en la vida.

EVALUANDO CALIDAD:

Se requiere de esta clase de evaluación para evaluar el carácter de la persona.

* *Cristo-céntrico* (Mateo 22:37) *Amarás al Señor...*
  1. ¿Cómo está su relación con Cristo?
  2. ¿Pasa tiempo con Dios de manera regular?
  3. ¿Medita regularmente en la Palabra de Dios?
  4. ¿Demuestra el temor de Dios en su vida?

- *Impacto en la comunidad* (Mateo 22:39) *Amarás a tu prójimo...*
  1. ¿Cómo está su relación con su familia, o sea con su mujer e hijos?
  2. ¿Cómo está su relación con sus líderes?
  3. ¿Cómo está su relación con los miembros de la iglesia?
  4. ¿Cómo está su reputación en la sociedad?
  5. ¿Tiene alguna relación rota con los líderes?
  6. ¿Qué ha hecho para reparar la relación rota?

- *Llamado* (Salmo 78:70-72) *Dios lo llamó para ser el pastor de Israel de detrás de las ovejas...*
  1. ¿Él tiene un llamado de Dios en su vida?
  2. ¿Comprende su llamado?
  3. ¿Está motivado por la visión de Dios, o está buscando posiciones en una iglesia u organización?
  4. ¿Sigue su propio llamado como un recurso para edificar la iglesia y no promocionarse a sí mismo?

- *Carácter* (Salmo 78:70-72) *Él sirvió con integridad de corazón...*
  1. ¿Él tiene una buena reputación?
  2. ¿Es fiel, honesto, y confiable en asuntos de dinero?
  3. ¿Es humilde y refleja la naturaleza de Cristo en su hablar, comportamiento, y actitudes?
  4. ¿Se refrena a sí mismo de la lujuria, inmoralidad, mentira, trampa, y robo, etc.?
  5. ¿Cómo reacciona en medio de las provocaciones?

- *Habilidad* (Salmo 78:70-72) *Con la habilidad de sus manos...*
  1. ¿Comprende y aplica la Escritura en su vida y ministerio, y es capaz de manejar correctamente la Palabra?
  2. ¿Desea y se esfuerza por crecer en sus talentos que se requieren para el desarrollo de la iglesia?

3. ¿Tiene la habilidad para el ministerio, para el cual Dios le ha llamado? Evangelismo, Discipulado, Plantación de Iglesia, Entrenamiento, Narrar historias, etc.
4. ¿Auto-evalúa su ministerio y está dispuesto a hacer cualquier cambio necesario?

EVALUANDO CANTIDAD:

1. ¿Cuál es su campo escogido?

2. ¿Cuáles son las distintas características de su campo escogido?

- Población
- Grupo étnico
- Los idiomas hablados
- Urbano o Rural
- Nivel económico
- La apertura para el evangelio

3. ¿Cuál es la visión de Dios para su campo escogido?

4. ¿Cuántas iglesias planea iniciar?

5. ¿A cuántos líderes entrenará?

6. Cuál es su plan para su campo escogido para lo siguiente:

- Un año
- Dos años
- Tres años
- Número de Iglesias –
- Número de Líderes desarrollados –
- Número de pueblos evangelizados –
- Número de grupos étnicos alcanzados –

7. ¿Cuál será su estrategia inicial?

8. ¿Cuál será su estrategia de evangelismo? ¿A cuántas personas entrenará para que den su testimonio personal?

9. ¿Cómo discipulará a los nuevos creyentes?

10. ¿A cuántos entrenará en dentro de 1 año, 2 años, 3 años y cómo los entrenará?

11. ¿Cómo evaluará la vitalidad de su iglesia y el éxito de su ministerio?

----- Fin de Sección 2 -----

Siguientes Pasos

¡Felicitaciones! ¡Usted ha completado exitosamente el curso introductorio de Discípulos Haciendo Discípulos con LIT! A este punto habrá iniciado una iglesia así como también habrá reclutado a 2 otros que están comprometidos para hacer lo mismo. Se espera que actúe como un mentor y entrenador para estos 2 a medida que recorren el camino de plantación de iglesias.

Nos gustaría pedirle que se una al curso completo de los 10 libros de LIT. A continuación mencionamos los temas que abarcan y cómo le impactarán a usted y a los que entrena.

Currículo de LIT

1. **Hermenéutica** (Interpretación de la Biblia)

2. **Homilética** (Comunicación de la Biblia)

3. **Plantación de Iglesias** y el Libro de los Hechos (Reproducción y multiplicación de iglesias y líderes saludables; Evangelismo y Discipulado)

4. **Antiguo Testamento 1** (Siete puntos claves de cada libro del Antiguo Testamento)

5. **Antiguo Testamento 2** (Vista cronológica del Antiguo Testamento en orden histórico)

6. **Los Evangelios del Nuevo Testamento** (La vida y ministerio de Jesús)

7. **Las Epístolas Pastorales del Nuevo Testamento** (Timoteo y Tito)

8. **Las Epístolas Generales del Nuevo Testamento** (Análisis

y estudio de Romanos - Apocalipsis)
9. **Doctrinas Principales de la Biblia** (La Teología de la Biblia)

10. **Apologética-Historia de la Iglesia-Guerra Espiritual** (Una defensa para la fe, un contexto para la fe, una batalla contra el mundo, la carne, y satanás)

Además de estos 10 libros recibirá 1 manual llamado LIT Lite. Éste es un resumen del currículo de los 10 libros de LIT que puede usar para entrenar a sus 2 aprendices en la plantación de iglesia al mismo tiempo que esté estudiando.

Probablemente tendrá muchas preguntas. Su mentor le informará específicamente los siguientes pasos necesarios para unirse al Curso de Entrenamiento de LIT. Será invitado a una reunión introductoria donde se tratarán todas las preguntas y todos los detalles le serán comunicado plenamente.

¡Hasta entonces, que Dios le bendiga en todo lo que hace! Ahora vaya, y Haga Discípulos que Hacen Discípulos.